AF349219

APRENDER A PLANIFICAR LA FORMACIÓN

APRENDER A PLANIFICAR LA FORMACIÓN

Títulos publicados:

F. Beltri – Aprender a negociar
E. Ronco y E. Lladó – Aprender a gestionar el cambio
J. M. Martínez Selva – Aprender a comunicarse en público
G. Sanz – Aprender a redactar notas
F. Gallego – Aprender a generar ideas
P. Martínez Escribá – Aprender a vender
R. Goberna – Aprender a liderar equipos
J. López e I. Leal – Aprender a planificar la formación
C. Golanó y R. Flores-Guerrero – Aprender a redactar documentos
    empresariales
Ll. Casado – Aprender a organizar el tiempo
C. Muñoz – Aprender idiomas
E. Vinyamata – Aprender mediación
C. Carreras – Aprender a formar
M. Urpí – Aprender comunicación no verbal
J. Puga y R. Belmonte – Aprender a gestionar tus ahorros
R. Saco y M. Mazza – Aprender a crear una microempresa
J. López e I. Leal – Aprender liderazgo político
P. Martínez Escribá – Aprender a vender en tienda
N. Saló – Aprender a comunicarse en las organizaciones
M. Martínez y M. Salvador – Aprender a trabajar en equipo
N. Arqués – Aprender comunicación digital
L. Berastain – Aprender a crear una empresa turística
R. Adell – Aprender marketing
F. Velasco – Aprender a elaborar un plan de negocio
M. Priante – Aprender grafología
J. Redorta – Aprender a resolver conflictos
A. Blanco – Aprender a motivar
L. Berastain – Aprender a innovar en una PYME
M. García Sáiz - Aprender a liderar

APRENDER A PLANIFICAR LA FORMACIÓN

Jordi López Camps
Isaura Leal Fernández

PAIDÓS

Barcelona
Buenos Aires
México

Cubierta de Ferran Cartes
Montse Plass

1ª edición, 2002
4ª impresión, octubre 2012

ISBN: 978-84-493-1190-1
Depósito legal: B-23.670-2002

Impreso en Book Print
Botànica, 176-178 – 08908 L'Hospitalet de Llobregat (Barcelona)

El papel utilizado para la impresión de este libro es cien por cien libre de cloro y está calificado como papel ecológico

Impreso en España – *Printed in Spain*

Para María Jesús Bascuñán, amiga y compañera,
y a los que como ella saben ser y estar.

SUMARIO

PRESENTACIÓN

La Sociedad del Conocimiento obliga a repensar algunos de los paradigmas actuales de las organizaciones. Los cambios sociales y la transformación de muchos de los valores de la sociedad industrial, especialmente el abandono de la concepción taylorista y weberiana del trabajo y de las organizaciones, exigen contemplar el futuro de éstas, sean privadas o públicas, desde una nueva perspectiva.

Los analistas de organizaciones cuentan que una de las transformaciones más relevantes de los próximos años será el cambio de sentido y de configuración de las estructuras organizativas. Las organizaciones de la Sociedad del Conocimiento se transformarán permanentemente. Se trata de organizaciones donde las personas trabajarán por equipos y en equipos. Con relación a sus empleados, estas organizaciones se estructurarán alrededor de su conocimiento y nivel de cualificación y competencia; de la capacidad de progresar en el *empowerment* continuo de las personas y en la mayor diversidad de las actividades que éstas deben desarrollar.

Surge un concepto nuevo de empresa como red difusa, o red de redes basadas en procesos. Con ello aparecen conceptos nuevos que modifican viejas creencias empresariales y organizativas. Los conceptos tradicionales de organización y análisis del trabajo, como «tarea», «operación», «tiempos» y «movimientos», son sustituidos por ideas nuevas tales como «ocupación», «competencias», «valores» y «redes». El interés ha pasado del trabajo al individuo. Lo importante ahora son las personas, tanto desde el punto de vista del receptor de los servicios prestados por la empresa como de quien los presta.

De un sistema cerrado y basado en la organización de puestos de trabajo, perfectamente identificados y catalogados a través de unas relaciones, se avanza hacia una comprensión de las organizaciones como una red de personas con unas tareas que aportan valor. Las personas son quienes crean las organizaciones y éstas se conforman a partir de las aportaciones de aquéllas. Las organizaciones son, en definitiva, la suma de las competencias de sus personas, aquello que ellas hacen. Las personas, con sus competencias, valores y sentimientos, son el gran activo de las organizaciones. Las virtudes laborales han sido reemplazadas por virtudes personales y sociales: capacidad de análisis, de relación, de negociación, de aprendizaje permanente, etc.

Esta nueva manera de entender las organizaciones implica asumir que la calidad de éstas depende, entre otros factores, de la calidad de las competencias de sus miembros y de la propia capacidad de aprender de las organizaciones. Ante esta nueva situación «los trabajadores deben estar preparados para afrontar los nuevos retos tecnológicos, mientras que las empresas necesitan, en un entorno de rápida evolución, una mano de obra bien formada, más satisfecha, flexible y adaptable [de tal manera] que Europa disponga de las personas adecuadas con las cualificaciones apropiadas en el momento justo y pueda aprovechar las oportunidades que la revolución de las tecnologías traerá consigo».[1]

Aquellas organizaciones que deseen obtener buenos resultados deben invertir en mejorar las competencias de sus empleados y desarrollar un sistema de gestión del conocimiento que asegure el aprendizaje organizativo. Las organizaciones de la Sociedad del Conocimiento serán organizaciones cualificantes. Serán organizaciones preocupadas por favorecer el aprendizaje continuo de sus miembros. Las personas aprenden mejorando sus competencias y transmitiendo a la organización sus aprendizajes. Es un camino de doble sentido, de ida y de vuelta.

No se descubre nada nuevo afirmando que la formación es muy importante para que las organizaciones puedan cumplir sus misiones y sus empleados desarrollarse profesionalmente. Durante años la formación ha sido un elemento fundamental dentro de las políticas de recursos humanos de las empresas. Sin embargo, en los últimos tiempos, la formación ha recibido un respaldo político del que antes carecía o que al menos no era tan evidente.

Del mismo modo que la sociedad reconoce la importancia de la educación en el desarrollo de las personas, y por ello adoptó, reconoció y protegió en su momento la existencia de un sistema educativo público, algo parecido está sucediendo ahora con la formación continua. Los sucesivos «Acuerdos Nacionales para la Formación Continua» señalan la voluntad política de situar la formación de los trabajadores y de los empleados públicos en el centro de las preocupaciones políticas.

La formación es, en la actualidad, fundamental para el desarrollo empresarial, la consolidación de las organizaciones, el fomento de la ocupabilidad y el desarrollo de las personas. Así lo han asumido los países de la Unión Europea. En la Cumbre de

---

1. Fragmento de la Declaración conjunta para la Cumbre de Lisboa de Empresarios y Sindicatos del Sector Europeo de las Telecomunicaciones, marzo de 2000.

Lisboa del año 2000[2] los Jefes de Estado y de Gobierno señalaron que la educación y la formación son piezas claves para consolidar la estrategia de hacer de Europa un espacio económicamente competitivo y sostenible, generador de empleo, socialmente cohesionado e integrado en los procesos de globalización. En este sentido la declaración de la presidencia del encuentro de los Jefes de Estado y de Gobierno reconocía la importancia de la formación continua[3] para conseguir este objetivo.

El objetivo de este libro es hablar de la formación y ayudar a los promotores de planes de formación a poder preparar sus actividades. Este libro quiere ser una pequeña guía para quienes deban diseñar y ejecutar planes de formación en cualquier organización. Por la procedencia de sus autores, sin embargo, se hará especial referencia a las Administraciones Públicas, muy especialmente al desarrollo de la formación en las corporaciones locales. Este libro se ha escrito pensando en los responsables de formación. El empeño de sus autores ha sido confeccionar un instrumento útil para planificar su actividad. No se pretendía hacer un manual más porque en el mercado hay excelentes obras. Esta guía quiere ser un instrumento orientado a la práctica.

Este libro se ha construido, en primer lugar, a partir de la reflexión de los autores sobre su experiencia, y las conclusiones se presentan en forma de propuestas operativas para otros promotores de formación. Además, y ésta es la segunda intención, deseamos proponer a los lectores una nueva manera de comprender la formación. La mayoría de guías sobre el tema articula sus análisis y propuestas desde la propia lógica del sistema formativo, o en el dominio de una metodología. El punto de vista de

---

2. Reunión del Consejo Europeo celebrada en Lisboa, 23-24 de marzo de 2000.

3. Asumimos el concepto de formación continua establecido en la estrategia europea de empleo adoptada en la Cumbre de Luxemburgo de 1997. En aquel encuentro se definió la formación continua como «toda actividad de aprendizaje realizada con el objeto de mejorar los conocimientos, las competencias y las aptitudes».

los autores es distinto. Se parte de la perspectiva del usuario, del cliente, del prescriptor o, en términos generales, de quienes están interesados en el sistema formativo y sus resultados. Es evidente que, en muchos aspectos, ambos puntos de vista coinciden en los conceptos y los métodos, pero en otros surgen miradas nuevas relacionadas con cuestiones hasta ahora comunes. En la redacción de esta guía se ha pretendido destacar estos aspectos.

El carácter práctico de esta guía ha condicionado su formato de presentación. Se ha buscado un estilo sencillo, ágil y práctico, donde los textos se acompañan de cuadros y esquemas para permitir una lectura fluida de los diferentes conceptos. Deseamos que los responsables de recursos humanos y de formación de las organizaciones, y muy especialmente de las Administraciones Públicas a las cuales nos sentimos muy vinculados, utilicen las pautas de esta guía de manera creativa y les sean útiles para confeccionar sus planes de formación. Les animamos a ello, no es una tarea ni difícil ni compleja.

1
NUEVAS PERSPECTIVAS DE LA FORMACIÓN

1.1. FORMAR PARA CAMBIAR Y MEJORAR

Muchos directivos, cuando se ven presionados por unos presupuestos que no cuadran, buscan por dónde recortar los gastos y se preguntan: ¿la formación, para qué sirve? Es importante saber dar una respuesta convincente a esta pregunta, pues de lo contrario la partida de formación seguirá menguando cuando los déficit presupuestarios aumenten.

Ante la pregunta precisa de ¿para qué sirve la formación? no es posible escudarse en respuestas ambiguas.

¿Qué es formar? La mejor respuesta a esta pregunta está en la definición siguiente dada por un organismo independiente auditor de la Administración Pública norteamericana; para esta entidad la formación es «el proceso de identificación, aseguramiento y desarrollo, a través de actividades planificadas, de los conocimientos, habilidades y capacidades que los trabajadores necesitan para desempeñar su trabajo actual y futuras responsabilidades en los organismos públicos de la mejor manera posible».

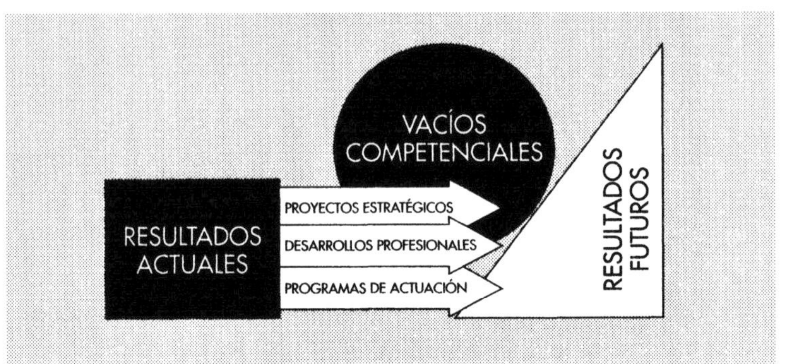

Figura 1.1. Visión dinámica de la formación[1]

Desde esta perspectiva la formación no es una finalidad en sí misma. En la siguiente figura[2] se relaciona la formación con los cambios identificables dentro de las organizaciones.

Formar es cualificar a los empleados para ser competentes. Se forma para adquirir aquellas competencias que permitan cambiar los comportamientos de las personas en su ocupación. La finalidad de la formación es lograr la adquisición de conocimientos, habilidades, valores, etc., que modifiquen los comportamientos laborales de los empleados. Gracias a la formación mejoran las organizaciones. La formación, en un sentido global, será de calidad cuando los participantes adquieran las capacidades concretas necesarias para ser competentes en su trabajo y conseguir los resultados esperados por la organización.

Formar

Formar es provocar cambios en la conducta de los miembros de una organización a fin de mejorar la eficacia organizativa, procurando armonizar los objetivos de los individuos y los de la organización y mejorar las relaciones entre las personas y sus ocupaciones.

---

1. Adaptado de «A guide to Strategically Planning Training and Measuring Resultas», publicado por la U. S. Office of Personnal Management. Office of Worforce Relations, 2000.

2. Reproducida de José Tejada, profesor de Pedagogía Aplicada de la Universidad Autónoma de Barcelona (apuntes personales).

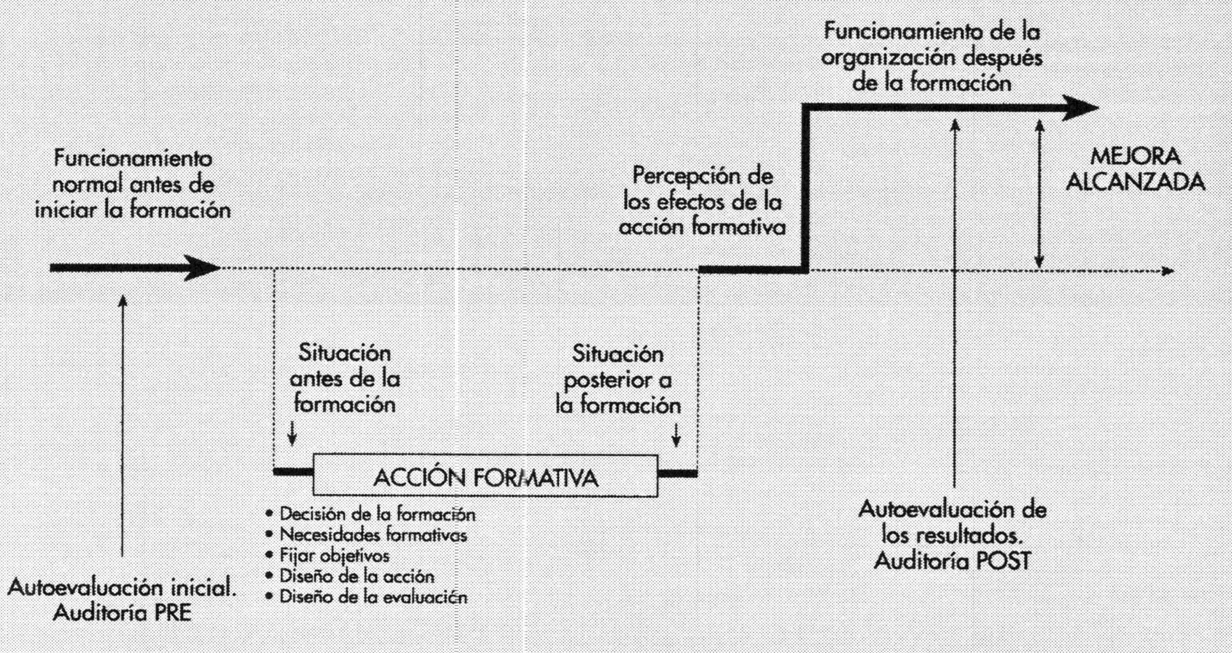

Figura 1.2. Relación de la formación con la mejora organizativa

La formación modifica la conducta laboral de los empleados desde la doble perspectiva de la organización y de las personas.

Perspectiva de la organización	Busca incrementar el potencial de la organización mediante el perfeccionamiento profesional y humano de sus miembros.
Perspectiva de las personas	Pretende desarrollar las capacidades, los conocimientos, las actitudes, así como los componentes humanos que contribuyen a desempeñar mejor las ocupaciones.

La formación también es un instrumento de socialización de los trabajadores. Con la formación los empleados se incorporan a la cultura de la organización, conocen sus visiones y proyectos, asumen los valores corporativos y las señales de identidad, y participan en los objetivos comunes de la corporación.

En las Administraciones Públicas, en particular, la formación debe contribuir a reforzar la orientación al ciudadano de todo servicio público. La formación está directamente relacionada con las metas y los objetivos de las Administraciones Públicas y sus objetivos de mejora. Para X. Mendoza,[3] profesor de ESADE y experto en formación de las organizaciones públicas, los objetivos fundamentales de los procesos formativos en las Administraciones Públicas son:

- Mejorar el funcionamiento actual de las organizaciones públicas. Estar preparados para hacer mejor las cosas sin necesidad de importantes cambios estructurales.
- Estar capacitados para asumir situaciones diferentes. Planificar el cambio organizativo.
- Poseer la preparación adecuada para afrontar cambios impredecibles, nuevas situaciones de las cuales se desconocen sus características.

3. Mendoza, X., «L'actualitat de la formació a les administracions públiques», Ayuntamiento de Barcelona, 1989.

La formación es un elemento estratégico dentro de los procesos modernizadores de las Administraciones Públicas. No es posible mejorarlas sin formación. Ésta es clave para superar el actual modelo burocrático tradicional que ha presidido, hasta ahora, las Administraciones Públicas, y para aprovechar su activo más importante: los recursos humanos.

> «Si en la administración francesa (a diferencia de lo que sucede en el mundo empresarial francés) no se desarrolla actualmente la formación, es por la sencilla razón de que no sirve para nada. Y no sirve porque ésta ofrece la posibilidad de perfeccionarse en los campos que interesan a los individuos. Pero nunca está concebida en función de los problemas del empleo ni en la perspectiva de los objetivos prioritarios de los responsables. Entonces es lógico que los responsables no quieran entregar sus mejores empleados y que las experiencias positivas —que también las hay— resulten raras y casi clandestinas.
> La formación que es necesaria para la modernización de las Administraciones debería ser activa, en función de las finalidades propuestas, y revisada siempre en función de los resultados. Es una actividad que debería de ser central y movilizar fuertes inversiones... La formación por la formación casi no tiene ningún interés.»
>
> M. Crozier

Por su impacto estratégico en las organizaciones públicas, la formación no puede seguir siendo un batiburrillo de actividades desconexas. La formación ha de integrarse dentro de una acción planificada, bien gestionada y correctamente evaluada, coherente en todo momento con los criterios generales de modernización. La formación, organizada alrededor de planes operativos, debe servir para consolidar las funciones de dirección de las organizaciones públicas, mejorar su gestión corporativa y promover que todos los empleados públicos compartan unos valores básicos comunes, como pueden ser la eficacia, la eficiencia, la orientación al servicio de los ciudadanos, la transparencia, la responsabilidad y el respeto a los principios éticos. Valores todos ellos clave para lograr una política coherente y planificada en la gestión de los recursos humanos de las Administraciones Públicas, la plena capacitación de sus equipos humanos y la mejor optimización de los recursos públicos. De este modo los presupuestos en formación dejarán de considerarse gasto y serán una inversión en futuro.

Condiciones para el éxito de la formación

1. Tener soporte político.
2. Estar planificada.
3. Ser continua.
4. Partir de un diagnóstico de necesidades elaborado a partir de los problemas de la organización.
5. Implicar a los formadores.
6. Estar estructurada, organizada y con responsables.
7. Tener recursos.
8. Poseer rigor metodológico y didáctico.
9. Ser evaluada.
10. Ser participativa.
11. Estar coordinada con iniciativas similares.

1.2. UNA NUEVA LÓGICA FORMATIVA

El cambio de paradigma organizativo afecta también a la política general de los recursos humanos, dentro de la cual se inscribe la gestión de la política formativa. La gestión de los recursos humanos, sobre todo cuando quiere inscribirse en la perspectiva de la gestión del conocimiento, ha de contribuir, fundamentalmente, a adecuar las competencias de los empleados a la misión de la organización. El objetivo de la formación es mejorar la cualificación de los empleados para que puedan mejorar sus competencias, gracias a las cuales desarrollarán mejor su actividad profesional y alcanzarán los rendimientos esperados.

Toda actividad formativa ha de servir para mejorar las actividades de las organizaciones y debe transmitir a sus empleados aquello que se espera de ellos. Para tal fin, los decisores de las políticas formativas deben superar algunos de los estereotipos que acompañan a la idea de formación y adoptar una nueva visión sobre la formación en las organizaciones modernas.

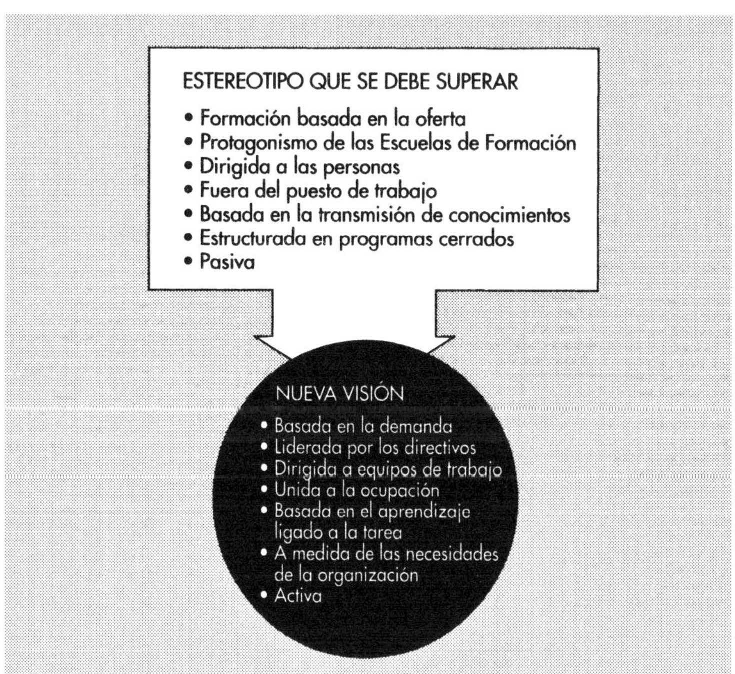

Figura 1.3. Nueva visión de la formación

Para que la formación pueda desarrollar un nuevo papel en las organizaciones es necesario adoptar un punto de vista nuevo. Se trata de adoptar una lógica gestora de los conocimientos contrapuesta a la lógica más centrada en la administración de la formación imperante hasta ahora.

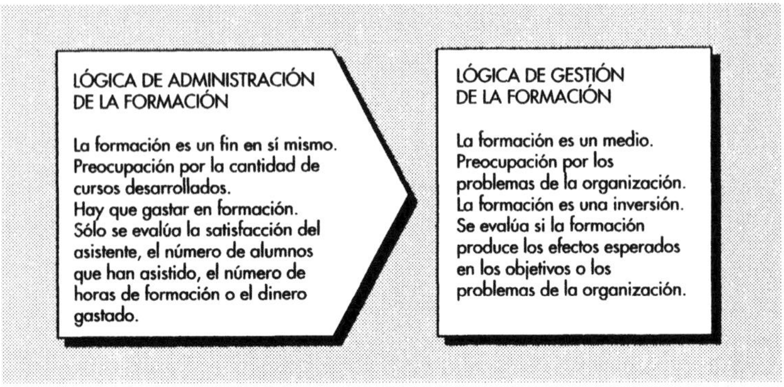

Figura 1.4. Lógica gestora de la formación

Cuando una organización se plantea la cuestión de la formación está estableciendo cuáles son las cualificaciones que se necesitan ahora y en un futuro próximo para desarrollar adecuadamente las competencias de sus empleados en cada una de las ocupaciones.

El concepto de «competencia», muy empleado en estos momentos en el entorno de los Recursos Humanos, es un término bastante polisémico. Existe la definición clásica dada por Boyatzis, para quien una competencia es una «característica subyacente de la persona que está causalmente relacionada con un criterio de referencia de actuación exitosa en el puesto de trabajo o en otra situación». Por ello se considera que la competencia es una característica fundamental de una persona que tiene una relación de causalidad con determinados criterios y que permite obtener unos rendimientos eficaces y/o superiores en un trabajo o ante una situación concreta.

Existen otras definiciones que parecen más apropiadas al propósito de este libro, por ejemplo: «Competencia es la capacidad efectiva para llevar a cabo exitosamente una actividad laboral plenamente identificada»,[4] o considerar la competencia como «capacidad de aplicar conocimientos, destrezas y actitudes al de-

4. Definición propuesta en numerosos documentos de la OIT.

sempeño de la ocupación de que se trate, incluyendo la capacidad de respúesta a problemas, imprevistos, la autonomía, la flexibilidad, la colaboración con el entorno profesional y con la organización del trabajo».[5] Otra definición sugerente es la propuesta por el profesor J. Tejada: «Las competencias son el conjunto de conocimientos, procedimientos y actitudes combinados, coordinados e integrados en la acción adquiridos a través de la experiencia (formativa y no formativa) que permite al individuo resolver problemas específicos de forma autónoma y flexible en contextos singulares». Las competencias, además de conocimientos técnicos o metodológicos, también incluyen aspectos relacionales y sociales.

A partir de las definiciones anteriores pueden considerarse las competencias como el conjunto de conocimientos, habilidades, actitudes y valores que los empleados de una organización utilizan para resolver situaciones concretas relacionadas con su ocupación.

Esta visión establece una importante diferenciación entre competencias y cualificaciones que resulta clarificadora para los propósitos formativos. «Competencia» y «cualificación» son dos términos que, aunque muy interrelacionados, se refieren a conceptos distintos. El término «competencia» se construye en relación con una actividad laboral concreta. Se puede resumir diciendo que una competencia es el conjunto de capacidades necesarias para realizar los roles que permiten desarrollar eficazmente las actividades de una ocupación. Se reserva el término no «cualificación» para referirse, fundamentalmente, al nivel determinado de formación que debe tener una persona. Ligando ambos conceptos puede decirse que se cualifica a las personas para alcanzar un nivel de formación que permita lograr una

---

5. Definición dada en el Real Decreto 797/1995 del Ministerio de Trabajo y de la Seguridad Social. En este Real Decreto se establecen las directrices gubernamentales sobre los certificados de profesionalidad y los contenidos mínimos en formación ocupacional.

determinada competencia profesional. Generalmente, una cualificación está asociada a un título o documento que acredita haber alcanzado ciertos niveles formativos.

Si hasta ahora el interés formativo residía en proporcionar un conjunto de conocimientos útiles relacionados con las actividades genéricas que desarrollar en los puestos de trabajo tipo, las competencias aportan un enfoque formativo distinto. La formación en competencias se orienta a aportar conocimientos relacionados, de manera genérica también, con familias ocupacionales, pero, en la práctica, vinculados con aquellas actividades concretas necesarias para desarrollar eficazmente una ocupación. Si en la formación basada en cualificaciones tenía mucho peso el diseño del currículo de aprendizaje, acreditado generalmente por la acumulación de certificaciones de aprovechamiento, ahora la perspectiva de las competencias hace hincapié en la aplicación de estos conocimientos en circunstancias reales de trabajo. Esta aplicación concreta de conocimientos está avalada por la trayectoria profesional. Desde esta perspectiva, resulta más relevante lo que se sabe hacer o lo que se ha hecho que la acreditación de unos conocimientos.

Las competencias profesionales de una persona están constituidas por la combinación de unos conocimientos (saberes), unas habilidades (saber hacer), valores motivadores (actitudes) y unas creencias que conforman las personas (personalidad).

De acuerdo con este punto de vista, las principales características que definen a una persona competente están asociadas a su nivel de cualificación profesional, a la manera en que se aplica ésta a una ocupación concreta y al modo en que el empleado está dispuesto a asumir, de manera personal y con relación a sus compañeros, nuevos retos profesionales. Una persona competente no es quien atesora más conocimientos, sino quien es capaz de aplicar lo que sabe en cada momento y de hacerlo no de manera mimética, sino innovadora.

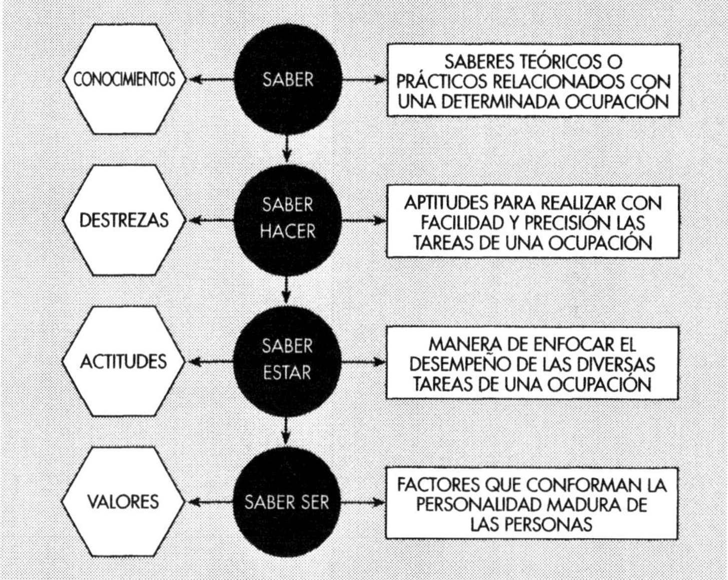

Figura 1.5. Tipologías de competencias

La competencia siempre se expresa en un contexto. Se trata de un concepto amplio y dinámico que engloba diversos elementos relacionados con la capacidad para transmitir habilidades y conocimientos a nuevas situaciones dentro de un área de actividad profesional. Comprende desde la organización y planificación del trabajo, la innovación y la capacidad de abordar tareas no rutinarias hasta los niveles de eficacia personal que se necesitan en una determinada ocupación para relacionarse con los compañeros y/o los destinatarios del trabajo.

El conjunto de saberes, desde los más abstractos hasta los más prácticos, se integran en una única perspectiva que conduce a la acción. Las personas verifican lo aprendido en la acción. Las competencias se demuestran, principalmente, a través de comportamientos específicos, en actividades que realizan las personas en contextos organizativos. Por su carácter práctico las competencias dan pie a normas de competencia laboral. Éstas son una descripción de las competencias laborales esperadas para realizar con éxito una actividad. Esta norma, que siempre es flexible y adaptable a cada realidad organizativa, refleja los conocimientos, habilidades, destrezas y actitudes esperadas para un desempeño competente de una ocupación determinada. En la siguiente figura se resumen los principales elementos que configuran una competencia laboral.[6]

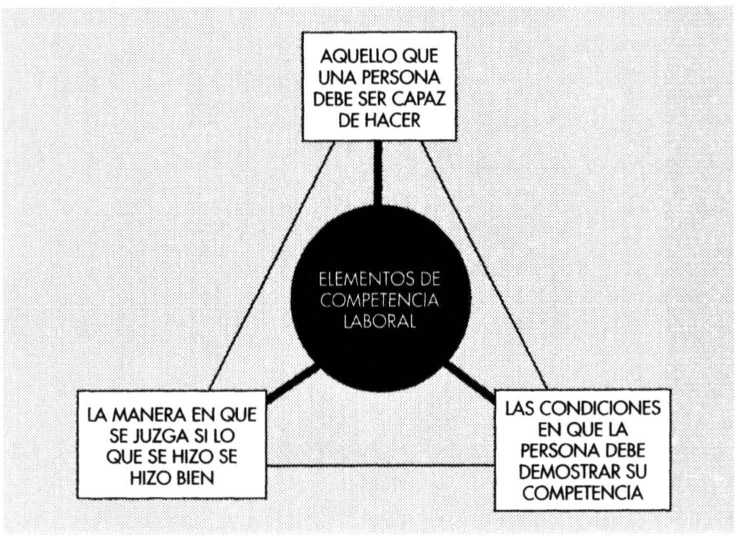

Figura 1.6. Elementos de las competencias laborales

Las organizaciones también aprenden. Se considera que una organización aprende no solamente porque sus miembros hayan participado en procesos formativos, sino también porque otras personas de la organización actúan de forma diferente y mejor gracias a las primeras. Una organización aprende cuando se comparte el conocimiento, las habilidades y los valores de sus empleados. El aprendizaje deja de ser una aprensión individual y se convierte en un valor difuso.

La perspectiva de las competencias está obligando a repensar muchos aspectos relacionados con las tradicionales políticas

6. OIT/Cinterfor.

de los recursos humanos: selección, remuneración, capacitación, evaluación y promoción. Uno de los elementos que se deben modificar es el propio concepto de «puesto de trabajo». Como dice Vargas Zúñiga, «se está llegando a la sustitución total de las nociones de tarea y de puesto de trabajo»[7] por unos conceptos nuevos mucho más orientados a la ocupación y los resultados. Si hasta ahora se entendía el puesto de trabajo como la unidad básica de una organización, en la actualidad los límites son más imprecisos. Tal consideración exige superar el concepto rígido de «puesto de trabajo» para asumir el concepto de «ocupación», que es mucho más flexible. Hay que abandonar la simple descripción del puesto de trabajo, entendido sólo en términos de actividad, y definirlo en términos de valor que las personas incorporan a la organización.

Con este marco de referencia la formación y sus contenidos han de servir para eliminar las diferencias existentes entre las competencias que tienen los participantes al inicio de un proceso formativo y las que se espera que tendrán al final del mismo. La formación viene a llenar los vacíos competenciales. Esta perspectiva modifica notablemente la imagen que muchas organizaciones tenían de la formación. La formación no es una simple transmisión de conceptos, generalmente útiles para situaciones ideales que jamás se producen, sino que más bien facilita a los participantes de los procesos formativos instrumentos para mejorar la organización.

En la siguiente tabla se resumen algunas de las aportaciones actuales que la gestión por competencias plantea a los procesos formativos.[8]

---

7. Vargas Zúñiga, F., «La formación basada en competencias en América Latina», documento presentado en el Seminario celebrado en Santa Fe de Bogotá, 21-22 de mayo de 1998, OIT/Cinterfor.

8. OIT/Cinterfor.

Aportación de las competencias a la formacion

- Enfocar el desempeño laboral y no los contenidos de los cursos.
- Mejorar la relevancia de lo que se aprende.
- Evitar la fragmentación tradicional de los programas academicistas.
- Facilitar la integración de contenidos aplicables en el trabajo.
- Generar aprendizajes aplicables a situaciones complejas.
- Favorecer la autonomía de las personas.
- Transformar el papel de los formadores hacia una concepción más próxima al facilitador y provocador.

La formación por competencias debe ser el nuevo marco de referencia para orientar la formación continua tanto en el sector público como en el privado. Ante el desafío de modernizar las Administraciones Públicas la formación de los empleados públicos debe organizarse a partir de un modelo basado en el desarrollo de sus competencias profesionales.

En la base de este modelo está la consideración de que un profesional de la Administración Pública ha de poseer un conjunto de competencias idóneas para conseguir los resultados que su organización espera de su ocupación concreta. La formación continua debe aportar las cualificaciones necesarias que hagan posible alcanzar estas competencias.

La nueva lógica formativa plantea también la cuestión de los diferentes intereses que intervienen en el desarrollo del sistema formativo. Éste se basa en la interacción de diferentes actores con intereses distintos. Esta situación es más acusada en las Administraciones Públicas por la existencia de actores específicos y los distintos roles que desempeñan los otros. En la siguiente ilustración se resumen los diferentes actores del sistema público de formación.

Todo el sistema formativo descansa sobre una doble responsabilidad: la organizativa y la personal. La responsabilidad de la organización se fundamenta en la necesidad de mejorar su eficacia y eficiencia; la adaptación de sus empleados a las exigencias de las ocupaciones; la gestión del conocimiento y las capacidades de estos empleados; y la necesidad de mantener actualizadas sus competencias. Desde la perspectiva de las personas, se pide que la formación sirva para el desarrollo y el crecimiento personal de un proyecto profesional y permita la adaptación de los empleados a los cambios.

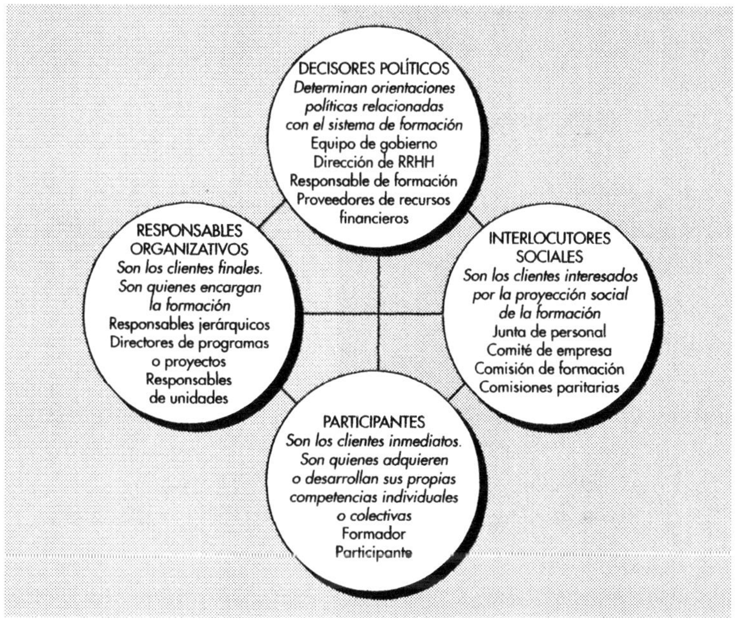

Figura 1.7. Actores del sistema público de formación

En las Administraciones Públicas estas responsabilidades se expresan en los términos expuestos por el Duque de Lancaster en su informe sobre la formación de los funcionarios públicos ingleses: «La necesidad de mayor eficiencia y eficacia en la Administración Pública hace descansar responsabilidades mayores y más claramente definidas sobre los miembros individuales del personal. [...] Esto significa que la formación y el desarrollo no deben estar centrados sólo en cumplir las necesidades de los departamentos y agencias, deben cumplir también las necesidades de los miembros individuales del personal con diferentes capacidades, aspiraciones y potencial. A cambio, estos individuos deben aceptar una obligación correlativa y comprometerse con un programa de desarrollo continuo, y deben adoptar los papeles principales a la hora de diseñar su propia carrera y planes de desarrollo».[9]

Este esquema de doble responsabilidad replantea algunas de las cuestiones nucleares de las políticas de Recursos Humanos: los planes de carrera. De acuerdo con la nueva perspectiva de la formación los planes de carrera personal y el desarrollo profesional de los empleados deberían:

- Fomentar el aprendizaje.
- Asegurar la formación laboral específica para desarrollar correctamente la ocupación actual.
- Asesorar a los empleados para que puedan crear un plan de carrera personal.
- Armonizar el plan de carrera personal para que sea coherente con las necesidades de la organización.

1.3. COMPETENCIAS, FORMACIÓN Y APRENDIZAJE

La introducción de la idea de competencia en la gestión de los recursos humanos contribuye positivamente a cambiar el estereotipo que las organizaciones tienen sobre la formación. En muchas ocasiones ésta se ha entendido como un flujo de conocimientos transmitidos entre un formador, considerado experto en una materia, y unas personas reunidas en una sala, que tiene la consideración de aula, en la cual se presupone que van a aprender. Esta manera de entender la formación, como simple acumulación de conocimientos, y al margen de toda otra consideración, especialmente las de índole pedagógico, no es suficiente para adquirir las competencias asociadas a una ocupación laboral en una organización de la Sociedad del Conocimiento.

9. Duque de Lancaster, «Desarrollo y formación de los funcionarios públicos en el Reino Unido», documento INAP, nº 13, 1997, pág. 49.

Los empleados no deben acumular únicamente conocimientos, deben aprender, sobre todo, competencias que permitan mejorar sus actividades laborales y los resultados de las organizaciones.

El contexto en el cual se desarrolla la formación en las organizaciones, y muy especialmente en las Administraciones Públicas, no es favorable a esta visión de la formación. En las Administraciones Públicas los actuales mecanismos de selección y promoción no ayudan a ello. Ambos actúan de importantes fuentes de presión sobre los empleados públicos para acumular cursos, por si éstos son méritos en sus procesos de promoción profesional.

Asociar la formación a la meritocracia tiende a desvirtuar el propio papel de los procesos de aprendizaje. Éstos, más que entenderse como un proceso de fortalecimiento de las capacidades profesionales, son valorados por su peso en las expectativas de promoción dentro de la organización. La meritocracia presiona para acumular certificados de asistencia a cursos, la mayoría de los cuales son simples transmisiones de conocimientos del formador que poco tienen que ver con las necesidades reales de aprendizaje de los asistentes y los intereses de sus organizaciones.

Sin embargo, la perspectiva de las competencias aporta una nueva comprensión del sentido de la formación en las organizaciones. El interés de los procesos formativos ha de ser, fundamentalmente, el desarrollar los comportamientos asociados a estas competencias. Por esto la formación no será una simple superposición de conocimientos, sino la transformación de unos determinados comportamientos, bien porque ellos no permiten obtener los resultados esperados, bien porque no se alinean hacia las competencias necesarias para abordar las nuevas actuaciones de las corporaciones o porque no son coherentes con las expectativas profesionales de los empleados.

Los aprendizajes son procesos orientados hacia el cambio permanente en el comportamiento de las personas. Gracias a ellos las organizaciones mejoran y las personas se benefician desde el punto de vista de su carrera profesional. Desde esta perspectiva, los objetivos formativos y el propio proceso formativo están sometidos al contraste práctico de la propia actividad del empleado porque:

- *El aprendizaje está asociado a cambios observables de los comportamientos de los empleados.* Después de participar en los procesos de aprendizaje las personas han de ser capaces de hacer cosas que antes no hacían.
- *El aprendizaje está asociado a un cambio observable del comportamiento de quien aprende.* Después del proceso de aprendizaje las personas que aprenden deben de ser capaces de hacer cosas que antes no eran capaces de hacer.
- *Los cambios producidos por el aprendizaje deben tener una cierta permanencia.*
- *Los cambios que origina el proceso de aprendizaje no se producen de forma inmediata.* Estos cambios aparecen de forma progresiva.
- *Los cambios en el comportamiento resultan de la experiencia o de la práctica.*
- *La experiencia y la práctica se refuerzan con el aprendizaje.*

1.4. CÓMO APRENDER

En el aprendizaje tan importantes son los contenidos como la manera de aprender. Los procesos formativos tradicionales, generalmente asociados a la formación en el aula y de acuerdo a esquemas escolares, tienen limitaciones importantes para lograr el aprendizaje de los adultos. Es preciso repensar las actividades formativas a partir de nuevos estilos de aprendizaje más coherentes con la lógica formativa propuesta por la gestión de competencias.

Los expertos en técnicas de aprendizaje recomiendan asociar la formación de competencias a métodos que incorporen la experiencia de los participantes y, muy especialmente, su reflexión crítica sobre la misma. Dicen estos expertos que todo proceso de aprendizaje es un ciclo que se inicia a partir de la propia experiencia de quien aprende, sigue con la reflexión sobre esta experiencia y termina con una práctica que vuelve a ser una nueva fuente de experiencia que da pie a una nueva reflexión. Ha sido D. A. Kolb quien ha teorizado sobre este ciclo y lo ha reformulado con el nombre de «Ciclo de aprendizaje a partir de la experiencia».

D. A. Kolb propone aprender a partir de la experiencia. Las personas, al reflexionar sobre lo que hacen, comprenden y distinguen las diferentes perspectivas e interpretaciones de los hechos. Discutiendo sobre la experiencia, las personas identifican los principios abstractos y así pueden construir desarrollos teóricos para entender y explicar lo que están haciendo, en primer lugar, y luego, en una fase posterior, aplicarlo en situaciones nuevas dando origen a nuevas experiencias. El «Ciclo de aprendizaje a partir de la experiencia» propuesto por D. A. Kolb se basa en el hecho de que si las personas, equipos y organizaciones comprenden sus experiencias son capaces de modificar sus comportamientos.

El modelo de D. A. Kolb consta de cuatro estadios. El primero de ellos es la experiencia o la actividad de quien aprende; después sigue un momento de reflexión; posteriormente se conceptualiza a partir de esta reflexión y se interpreta lo que está pasando y, finalmente, se planifican nuevas actuaciones y nuevos aprendizajes.

A partir de la propuesta del «Ciclo de aprendizaje a partir de la experiencia» de D. A. Kolb se puede construir lo que se denomina «Relación de estilo de aprendizaje», que se conoce con el acrónimo LSI, construido a partir de las iniciales de los términos ingleses. Esta relación pretende ser un instrumento para identificar los diferentes estilos de aprendizaje de las personas y con ello verificar cómo aprenden éstas. D. A. Kolb establece una relación entre las diferentes etapas o estadios por los cuales pasa todo proceso de aprendizaje y cómo las personas que aprenden utilizan unos estilos de aprendizaje que se identifican, con mayor intensidad, con una etapa que con las otras. Se trata de un modelo, no de una predicción cierta sobre cómo se va a producir el aprendizaje o qué estilos intervendrán en el mismo. Las propuestas de D. A. Kolb proporcionan un marco de referencia que permite comprender mejor lo que sucede cuando se emprende un proceso de aprendizaje dentro de las organizaciones.

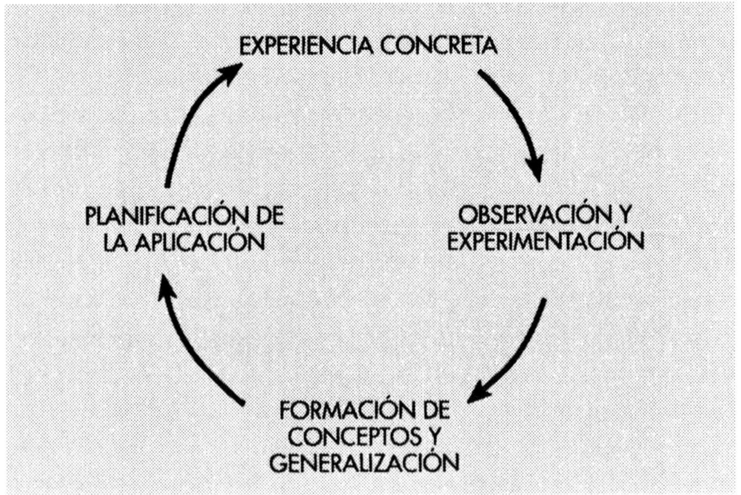

Figura 1.8. Modelo de aprendizaje propuesto por D. A. Kolb

Los estilos de aprendizaje se basan en la manera en que las personas aprenden en cada uno de los cuatro momentos del ciclo básico de aprendizaje: la experiencia se aprende a través de sensaciones y sentimientos, la reflexión se estimula a través de la observación, la conceptualización abstracta se obtiene a través del pensamiento y la experimentación activa se consigue mediante la acción.

Conocer los estilos de aprendizaje es muy útil, tanto para quienes participan en un proceso formativo como para los propios formadores. El dominio de los estilos de aprendizaje permite diseñar mejor las intervenciones formativas, tanto en los aspectos metodológicos como respecto al material que se va a utilizar a fin de adaptarlos a la diversidad y heterogeneidad de los participantes. Conocer y respetar los diferentes estilos de aprendizaje representa un importante cambio de enfoque en los procesos formativos. Fundamentalmente significa descentrar el proceso formativo y pasarlo, en lugar de al formador y sus conocimientos, al participante y la forma en que aprende.

Las propuestas formativas tradicionales tienden a fortalecer sólo el estilo de aprendizaje más reflexivo. Ello comporta numerosos problemas a los participantes de los procesos formativos que están más identificados con otros estilos. Organizar la formación alrededor de un solo estilo de aprendizaje afecta negativamente al grado de aprendizaje, porque es excluyente con muchos de los participantes. La propuesta formativa ideal debería diseñar la formación teniendo presentes los cuatros estilos. Por ejemplo, un proceso formativo puede iniciarse provocando que los participantes identifiquen cuál es su experiencia; a continuación, se puede proponer una reflexión sobre esta experiencia para descubrir sus significados más relevantes y posteriormente intentar articular dicha reflexión de forma lógica; finalmente, se debería poder experimentar con problemas similares donde aplicar lo aprendido.

Este esquema de aprendizaje es perfectamente aplicable desde la perspectiva de una organización. Las organizaciones continuamente hacen cosas, sus empleados pueden reflexionar sobre estas cosas y analizar, por ejemplo, qué se hace, cómo se hace y qué mejoras pueden incorporarse. A partir de esta reflexión la actividad analítica ayuda a interpretar y estudiar el porqué de las cosas. Con toda esta información los empleados sacan sus conclusiones y deciden qué hacer para seguir actuando dentro de la organización. Con esta decisión se cierra un ciclo de aprendizaje y, naturalmente, se inicia otro.

La perspectiva aportada por el ciclo de aprendizaje de D. A. Kolb permite considerar la formación como un proceso continuo y de formato variable. El éxito del proceso formativo depende de numerosas variables: la finalidad de la actividad formativa, el tipo de experiencia que comparten los asistentes y la tipología de los mismos. Estas variables, entre otras, influyen en el diseño de la propuesta formativa. La necesidad de aportar coherencia al proceso de aprendizaje obliga a realizar un buen diseño de cada una de las actividades formativas, especialmente cuando éstas son ofertas abiertas. En este caso, el diseño formativo debe prestar mucha atención, además de a los diferentes estilos de aprendizaje de los participantes, al hecho de que ellos, en buena medida, tendrán pocas experiencias compartidas.

Con el modelo de D. A. Kolb no se produce una contraposición entre la adquisición de conocimientos, la incorporación de nuevas habilidades, actitudes y valores. Todo el aprendizaje se integra armónicamente y se orienta hacia la producción de nuevos comportamientos en las personas. De alguna manera, se hace verdad que las personas verifican aquello que han aprendido a través de la acción. Este aforismo permite vincular el modelo propuesto por D. A. Kolb con el aprendizaje de las personas en el marco de los problemas de las organizaciones. Con esta perspectiva la formación es una palanca para transformar la organización, mejorar sus actividades y resolver aquellos problemas que impiden conseguir los objetivos deseados. Es así como las dificultades o problemas de cualquier corporación, sea pública o privada, en lugar de entenderse como fallos o errores, constituyen, además de oportunidades de mejora, una fuente de aprendizaje si la formación se vincula a aquéllos.

En la siguiente figura se integran las diferentes etapas del ciclo de aprendizaje propuesto por D. A. Kolb y los posibles recursos que se podrían ofrecer a quienes participan dentro de un proceso formativo.

Es evidente que las propuestas de D. A. Kolb no solucionan todos los problemas del aprendizaje de los empleados. Incluso, según como se mire, se tratan de propuestas con importantes limitaciones. Pero, globalmente, aportan un marco de referencia lo suficientemente amplio donde situar todas las dinámicas e influencias que interactúan durante los procesos de aprendizaje de las personas adultas y, de una manera particular, ayudan a resituar el sentido de la formación dentro de las organizaciones.

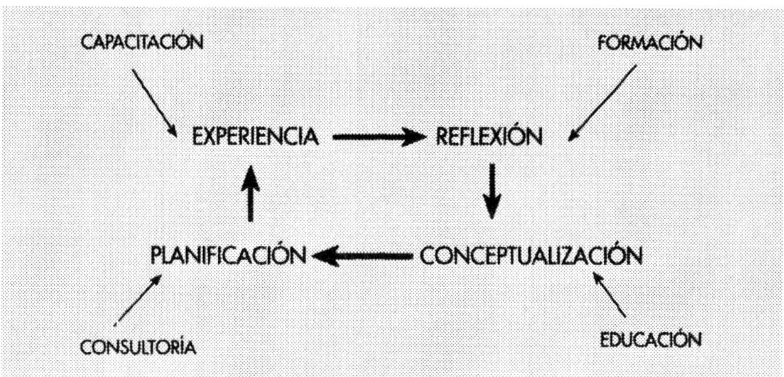

Figura 1.9. Recursos formativos relacionados con el ciclo de aprendizaje

Ayudar a *actuar* es **capacitar**
Ayudar a *pensar* es **educar**
Ayudar a *reflexionar* es **formar**
Ayudar a *realizar* es hacer **consultoría**

La idea principal que debemos retener es que el aprendizaje, para ser efectivo y significativo, ha de organizarse a partir de los problemas concretos de las organizaciones. Ésta es la perspectiva más fructífera para la formación y representa un cambio en el propio paradigma de la formación. Ciertamente, la perspectiva de una formación basada en el desarrollo de competencias, las uniones entre éstas y los problemas de la organización, y cómo la formación se articula alrededor de la experiencia de las personas y de la organización, modifica la idea hasta ahora entendida sobre lo que se entiende por formación. Hay que repensar de nuevo los sistemas de aprendizaje de las organizaciones. Es evidente que ya no basta con asociar la formación a la mera transmisión de contenidos conceptuales. Formar es, por supuesto, mucho más.

1.5. CÓMO FORMAR

Tras conocer cómo aprenden las personas puede abordarse el tema más específico de la organización del aprendizaje y las propuestas formativas. Pero ahora no tanto desde el punto de vista de entender cómo aprende el participante, sino de qué modo el formador debe organizar la acción formativa. Para ello el formador debe utilizar unos principios psicopedagógicos básicos para diseñar las pautas y criterios elementales de la intervención formativa.

El proceso cognitivo de las personas señala que para aprender es necesario sufrir un cierto desequilibrio que provoque una apertura de la mente hacia nuevos conocimientos. La estructura cognoscitiva de las personas está organizada alrededor de los denominados «esquemas de conocimiento». Estos esquemas dependen del nivel de desarrollo de las personas y de los conocimientos previos adquiridos, es decir, de los conocimientos que las personas poseen respecto a un determinado contenido formativo. Las personas van aprendiendo a medida que construyen nuevos esquemas de conocimiento.

Para que el aprendizaje sea provechoso es preciso que las personas contrasten sus niveles actuales de conocimiento con nuevas propuestas formativas. Para que el aprendizaje sea efectivo estas personas deben estar interesadas en aprender y deben ver la utilidad de lo aprendido. Cuando esto ocurre se considera que el aprendizaje es significativo. Se trata de que los participantes en un proceso formativo establezcan relaciones significativas entre lo que saben y lo que van a aprender, y valoren que el resultado final esperado es aceptablemente coherente. Se aprende a través de establecer numerosas relaciones entre los conceptos nuevos y los preexistentes. A nivel cerebral, los contenidos están más próximos y relacionados cuantos más niveles de significación sean capaces de aportar. Los conceptos que se utilizan más diariamente están más relacionados, mientras que cuesta recordar aquellos conceptos no vinculados a ningún uso cotidiano.

> *Aprendizaje significativo.* Es el aprendizaje que da sentido a lo que se aprende. Se consigue integrando el conocimiento en la estructura cotidiana. Este aprendizaje tiene utilidad porque las personas lo entienden y está próximo a su demanda de formación.
>
> *Aprendizaje mecánico.* Es todo aquello que se aprende y que luego no se utiliza porque no se integra en el uso habitual, a no ser que se solicite de manera explícita. Es un aprendizaje que no se aplica de forma inmediata. Paradójicamente, es el estilo habitual de aprendizaje.

El aprendizaje profesional debe basar su significación en el hecho de que el participante pueda emplear lo aprendido en su actividad ocupacional. Por ello el diseño formativo debe preocuparse de que el aprendizaje sea lo más significativo posible. Es decir, debe permitir a quien aprende aplicar lo aprendido.

Por la importancia que tienen las relaciones cognitivas significativas el formador debe procurar que los participantes establezcan el mayor número posible de relaciones. Para ello el formador puede como estrategia recomendable, formular una pregunta al inicio de la acción formativa a fin de provocar el conflicto cognitivo. Gracias a esta pregunta el participante contrasta lo que ya sabe con la nueva propuesta de contenidos de aprendizaje. Una vez establecido el conflicto cognitivo éste estimula una actividad mental que provoca un contraste entre los conocimientos previos con los nuevos conocimientos. Si los participantes sufren este desequilibrio entonces están más receptivos al aprendizaje.

Los primeros momentos de la formación resultan críticos, pues en ellos es cuando se estimula el conflicto cognitivo. Jamás los participantes en un proceso formativo deben participar sin saber por qué se hace. Esto es un principio universal.

¿Qué estilo de aprendizaje es mejor: el significativo o el mecánico? No se trata de optar por un estilo frente a otro. Para el formador, el desafío consiste en escoger el estilo de aprendizaje que mejor ayude a favorecer su significatividad. Sin embargo, para determinados contenidos, por ejemplo los factuales, es aconsejable el aprendizaje mecánico, pues se aprenden unos contenidos que, por sí mismos, no tienen demasiado sentido para los participantes.

Contenidos factuales. Se trata del aprendizaje de hechos, acontecimientos, situaciones, datos y términos.

Contenidos conceptuales y principios. Se refiere al aprendizaje de términos abstractos relacionados con hechos, objetos o símbolos que tienen elementos comunes. Los principios se refieren a los cambios observados en un hecho, objeto o situación en relación a otros hechos, objetos o situaciones y que normalmente describen relaciones de causa-efecto.

Contenidos procedimentales. Es el aprendizaje de un conjunto de acciones ordenadas y orientadas a conseguir un objetivo.

Contenidos actitudinales. Estos contenidos se refieren a valores, actitudes y normas. Se entiende por valores los principios o ideas éticas que permiten a las personas establecer un juicio sobre las conductas y su sentido. Las actitudes son tendencias o predisposiciones relativamente estables de las personas a actuar de cierta manera. Las normas son patrones o reglas de comportamiento que se van a desarrollar en determinadas situaciones y que obligan a todos los miembros de un grupo social.

Figura 1.10. Contenidos del aprendizaje[10]

10. Zabala, A., *La práctica educativa: cómo enseñar*, Barcelona, Graó, 2000.

El aprendizaje no es un proceso del todo hacia la nada, sino el avance gradual desde una situación dada hasta una nueva. Así pues, todo el proceso formativo consiste en provocar la actividad mental del participante para que establezca uniones sucesivas entre *los* nuevos contenidos y los conocimientos previos que le permitan ir progresando.[11] La intervención pedagógica consistirá fundamentalmente en ir creando a los participantes progresivas zonas de aprendizaje donde se relacione lo sabido con lo aprendido de nuevo.

A partir de los elementos anteriores el formador deberá estructurar la didáctica concreta del aprendizaje. Deberá construir lo que se denomina la secuencia didáctica. Ésta se estructura alrededor de varias etapas que, a modo de pauta y referencia, se dan en todos los procesos de aprendizaje siguiendo un orden secuencial. Según A. Zabala[12] estas etapas son:

1. *Actividades motivadoras que promuevan el fomento de la actitud favorable para aprender.* En esta etapa el formador procura que el aprendizaje tenga sentido para el participante. Las actividades que se van a realizar en esta fase deben surgir de la vivencia, deben movilizar los intereses y generar experiencias gratificantes y próximas a los participantes. Todas estas actividades pretenden despertar el interés para emprender el proceso de aprendizaje.
2. *Generación del conflicto cognitivo, reconocimiento y activación de los conocimientos previos.* Una vez despertado el interés del participante el formador debe hacer que éste cuestione sus conocimientos. La mejor manera para ello es situar al participante ante una serie de cuestiones que evidencien las limitaciones de sus conocimientos o la necesidad de adquirir otros nuevos.

---

11. Todos estos conceptos han sido resumidos de Zabala, A., *La práctica educativa: cómo enseñar*, Barcelona, Graó, 2000, págs. 35-37.

12. Zabala, A., *Enfoque globalizador y pensamiento complejo*, Barcelona, Graó, 1999, págs. 106 y sigs.

Para conseguir el conflicto cognitivo el formador debe estimular la actividad mental de los participantes empleando diversos recursos del tipo: ejemplos, analogías, metáforas, trabajo con el método del caso, etc. Al final de esta fase el participante deberá haber conferido significación a su aprendizaje y, además, deberá haberle dado al mismo un sentido funcional.

3. *Negociación compartida y definición de los objetivos.* En esta fase el formador debe establecer con los participantes cuáles serán los contenidos del aprendizaje y de qué manera se aprenderá. Se trata de pactar, entre formador y participante, los objetivos básicos del aprendizaje.

4. *Planificación de las tareas que hay que realizar.* Tras haber establecido cuáles van a ser los objetivos, el formador debe explicitar cuáles serán las actividades que se realizarán para conseguirlos.

5. *Realización de las tareas que desarrollan la actividad mental necesaria para la construcción de los significados.* Ésta es la fase en la cual los participantes desarrollan todas las tareas establecidas por el formador a fin de conseguir los objetivos propuestos. Estas actividades son múltiples: observaciones, debates, juegos de rol, trabajo con casos, experimentación, contraste de opiniones, etc. Todas estas actividades están encaminadas a desarrollar la actividad mental del participante para que establezca vínculos entre los conocimientos previos y los nuevos conocimientos, creando de esta forma una nueva estructura de conocimiento.

6. *Formulación de conclusiones, descontextualización y generalización.* En esta fase el formador, conjuntamente con los participantes, deberá sacar conclusiones y demostrar que los aprendizajes han modificado sus conocimientos iniciales, es decir, que han aprendido. A continuación el formador deberá generalizar y descontextualizar lo aprendido a fin de poderlo aplicar ante nuevas situaciones. Para ello tendrá que establecer los correspondientes ejercicios que permitan realizar esta descontextualización.

7. *Evaluación del proceso y de los resultados. Autorreflexión.* Durante esta fase se resume todo el proceso de aprendizaje, tanto de lo aprendido como de la manera en que se ha aprendido. Existe una pequeña secuencia que consiste en destacar cuál ha sido el punto de partida, los problemas iniciales que justificaban el aprendizaje, los pasos seguidos para aprender y qué actividades se han realizado. El objetivo de esta fase es conseguir que el participante extraiga unas conclusiones que sirvan, en momentos posteriores, para aprender contenidos similares de manera autónoma. Se trata de facilitar el aprender a aprender.

8. *Estrategias para ayudar a recordar.* La última fase de la secuencia didáctica está encaminada a proponer actividades para que los participantes fijen en su memoria los contenidos del aprendizaje. Según cuáles sean estos contenidos se utilizarán unas estrategias u otras, pero todas ellas encaminadas a conseguir que quien aprenda recuerde lo aprendido.

La secuencia didáctica es el elemento clave para el desarrollo del aprendizaje y debe diseñarse de acuerdo a los contenidos que va a tener éste. Una práctica común es plantear los contenidos de los aprendizajes en consonancia con las disciplinas o áreas de conocimiento y, según éstas, organizar la didáctica en consonancia con ellas. Existe, además, otro enfoque. Se trata de abordar esta cuestión no desde la perspectiva de las materias de aprendizaje, sino a partir de los contenidos, según éstos sean factuales, conceptuales, procedimentales o actitudinales. Este último punto de vista permite aproximar mucho más los aprendizajes a las personas y diseñar unas estrategias específicas para ellos.

Cuando se diseña una acción formativa hay que pensar en qué medida las actividades de la secuencia didáctica permiten a los participantes aprender. El formador debe diseñar la secuencia didáctica teniendo en cuenta que la diversidad de los contenidos del aprendizaje, sean éstos factuales, conceptuales, procedimentales o actitudinales, y el aprendizaje de actitudes requieren actividades diferentes.

A modo de resumen, de las ocho etapas anteriores se puede considerar que todo proceso de aprendizaje se estructura alrededor de tres fases perfectamente diferenciadas. El desarrollo de estas fases comprende la totalidad de la secuencia didáctica del proceso de aprendizaje.

Fases del aprendizaje	Etapas de la secuencia didáctica
Fase inicial	1 2 3 4
Fase de desarrollo	5
Fase de síntesis	6 7 8

Fase inicial. Es el primer momento de todo proceso de aprendizaje. El participante es informado sobre el contenido del aprendizaje, de cuáles serán sus responsabilidades y cómo debe vincular los contenidos del aprendizaje con su realidad.

Fase de desarrollo. Durante esta fase se trabajan los contenidos del aprendizaje. Se desarrollan el conjunto de actividades que constituyen las unidades didácticas. Al mismo tiempo, durante esta fase se realizan controles para comprobar el nivel de aprendizaje de los participantes.

Fase de síntesis. Es la última fase del proceso de aprendizaje. Se revisa todo lo aprendido. El participante del proceso de aprendizaje debe ser consciente de lo aprendido y descubrir que debe seguir aprendiendo. Al mismo tiempo, el participante debe saber cómo aplicar lo aprendido en su actividad laboral.

Mientras la primera y la última fase son invariables en cada actividad formativa, la fase de desarrollo varía según el contenido del aprendizaje. A continuación se analiza cómo abordar la fase de desarrollo según los distintos contenidos de aprendizaje.

1.5.1. *Fase de desarrollo del aprendizaje de los contenidos factuales*

Los contenidos factuales se refieren a los conocimientos relacionados con hechos, acontecimientos, datos y manifestaciones singulares. Los contenidos factuales se aprenden de forma mecánica. Se trata de unos contenidos que, en sí mismos, no tienen demasiado sentido para quien los aprende. Se aprenden por repetición o memorización.

Se considera que una persona ha aprendido un contenido factual cuando es capaz de recordar el conocimiento de manera exacta al original. Cuando se ha terminado el aprendizaje de un contenido factual el gran riesgo es su rápido olvido. En este caso el éxito del aprendizaje reside en la ejercitación del participante. Mientras el formador marca el tiempo destinado a la exposición de los conceptos, el participante dedica un tiempo, que lo determina él, a la repetición.

Esquema genérico de los aprendizajes de los contenidos factuales

- Presentar el contenido que se va a aprender.
- Evaluar si hay una comprensión de los conceptos asociados.
- Ejercitar (memorizar). Generalmente en forma de ejercitación personal fuera del espacio de aprendizaje.
- Evaluar el aprendizaje.

1.5.2. *Fase de desarrollo para el aprendizaje de los contenidos conceptuales*

Los conceptos son cuestiones abstractas. Todo aprendizaje de un concepto exige una comprensión del mismo. No basta con repetir mecánicamente el concepto, hay que comprender su significado. El aprendizaje conceptual siempre se basa, fundamentalmente, en un proceso de construcción de un conflicto cognitivo con los conceptos previos que tienen los participantes, a partir del cual las personas descubren la necesidad de aprender. Como se trata de un proceso de construcción, no es posible establecer un fin porque siempre se puede aprender más. Sin embargo, sí es preciso destinar un tiempo para la formación de los conceptos y determinar qué es lo que se puede aprender dentro de un período de tiempo determinado.

Secuencia didáctica del aprendizaje conceptual

- Fomentar el conflicto cognitivo. Así, el primer paso consiste en estimular el conflicto cognitivo.
- Analizar la situación.
- Sacar conclusiones que ayuden a establecer pautas de comportamiento.
- Establecer un compromiso personal de cumplimiento del comportamiento.
- Revisar los compromisos.

1.5.3. *Fase de desarrollo para el aprendizaje de los contenidos procedimentales*

Un procedimiento es un conjunto de acciones ordenadas y estructuradas a fin de conseguir un objetivo. El aprendizaje de un contenido procedimental viene determinado tanto por el carácter de cada una de las acciones como por el número de ellas y la manera en que éstas se presenten.

El objetivo del aprendizaje consiste en aprender las diferentes acciones que constituyen el procedimiento y cómo relacionarlas entre ellas. La ejercitación es la mejor manera de aprender estos contenidos procedimentales. Los procedimientos se aprenden practicando a partir de la imitación de un modelo. Este modelo se imita, se practica y, posteriormente, se integra a partir de una reflexión sobre lo practicado.

El riesgo en este tipo de aprendizaje es situar la reflexión al margen de la práctica. Otro riesgo es enseñar modelos que nada tienen que ver con la realidad de quien aprende.

1.5.4. *Fase de desarrollo del aprendizaje de los contenidos actitudinales*

Los contenidos actitudinales comprenden todo lo referente a valores, actitudes y normas. Los valores son principios o referentes éticos que determinan las conductas de las personas y les dan sentido. Las actitudes son tendencias o predisposiciones que condicionan a las personas a actuar de una manera determinada. Las normas son reglas de comportamiento que, en determinadas situaciones, hay que cumplir. Todos estos elementos tienen en común, según A. Zabala,[13] componentes cognitivos (conocimientos y creencias), afectivos (sentimientos y preferencias) y conductuales (acciones y declaraciones de intenciones).

El aprendizaje de los contenidos actitudinales es muy complejo porque hay que actuar sobre componentes cognitivos, afectivos y conductuales a la vez. Es muy difícil, en una acción formativa, conseguir que las personas aprendan actitudes. Es mucho más fácil hacer que las personas aprendan contenidos conceptuales y procedimentales que actitudinales. Por esto hay que recelar cuando, en una propuesta formativa, se sugiere, y algunas veces de manera prolija, que los participantes van a aprender diversas actitudes.

El interés de los aprendizajes actitudinales reside en que las personas modifiquen sus actitudes más que sus valores. Este tipo de aprendizaje se basa en la creación de vínculos afectivos con las actitudes, de tal manera que las personas interioricen los valores y así actúen de manera constante ante situaciones diferentes.

La primera fase en el aprendizaje de actitudes consiste en identificar problemas y hacer preguntas referentes a qué pasa si no se modifican las actitudes. Ello pretende, obviamente, provocar un conflicto cognitivo en la persona que aprende. La mejor manera de aprender actitudes es crear espacios donde vivir

13. Zabala, A., *La práctica educativa: cómo enseñar*, Barcelona, Graó, 2000, pág. 45.

estos valores, pero esto es muy difícil en los ámbitos formativos habituales.

Estrategias para aprender actitudes

- Aprender a través de vivencias.
- Aprender a través de modelos.
- Aprender a través de un proceso reflexivo.

2

PLANIFICACIÓN ESTRATÉGICA DE LA FORMACIÓN

Formar es mucho más que hacer cursos. Con estas palabras, quizás algo contundentes, se quiere expresar, en primer lugar, que la formación es un sistema integrado por diferentes elementos y, en segundo lugar, reafirmar que el principal objetivo de todo proceso formativo es la mejora de los resultados de una organización y asegurar el desarrollo personal de sus empleados.

Aunque la formación en las organizaciones de la Sociedad del Conocimiento pueda usar muchos canales informales de aprendizaje, ello no significa que sea una actividad desestructurada. Todo lo contrario. La formación debe ser una actividad perfectamente planificada. Cualquier acción o actividad formativa debe inscribirse dentro de un plan de formación. Toda propuesta formativa debe partir de un enfoque sistemático del proceso formativo.

La formación debe vincularse siempre a un plan específico para cada organización. Dado el impacto estratégico de la formación, cada corporación debe tener un proyecto formativo particular diseñado a medida. Si esto no es así, seguro que la alta dirección se mostrará reticente con las demandas formativas pues debido a los problemas organizativos con los que debe enfrentarse y resolver cada día, valorará la política formativa como inconsistente y nada útil para mejorar el funcionamiento de la organización.

La planificación de la formación empieza con la identificación de las necesidades de cualificación. Seguidamente se diseñan los contenidos formativos y se programan las actividades. A continuación se ejecutan, controlan y evalúan las actividades formativas. Finalmente se analiza el impacto de las mismas en la mejora de la organización y en el desarrollo de los empleados.

El resultado final de la planificación de la formación es el Plan de Formación. Éste es un documento de gestión donde, a partir de un análisis de necesidades, se especifican los objetivos que debe conseguir la formación y se detallan las actividades específicas que se deberán realizar para alcanzar cada uno de ellos y a quiénes van dirigidas estas actividades.

Confeccionar un Plan de Formación no es editar una lista de actividades formativas, a modo de catálogo de cursos. El Plan de Formación es un instrumento de gestión que sirve para dirigir la acción y orientar los esfuerzos formativos de las organizaciones.

Un Plan de Formación será siempre un instrumento de gestión diseñado a medida de una organización concreta. Un Plan de Formación de cualquier corporación difícilmente será exportable a otra. En el Plan de Formación se estructuran los objetivos operacionales del aprendizaje, se ordenan las secuencias de las actividades formativas, se organiza el método y los dispositivos pedagógicos y se programan las actividades evaluativas.

El Plan de Formación se diseña en función de los resultados que se esperan conseguir, especialmente aquellos que hacen referencia a la modificación de las cualificaciones personales y la transformación de la cultura organizativa. Es por ello que los proyectos formativos deben adaptar sus metodologías al contexto de las organizaciones, a la cultura de las mismas y a los problemas que quieren resolverse. Las propuestas formativas han de partir de la situación real de las organizaciones, han de hablar su mismo lenguaje, entender su cultura, conocer sus problemas y comprender a sus empleados. Experiencias exitosas en otras organizaciones, públicas o privadas, pueden fracasar por el desconocimiento de estos condicionantes. Cada organización se convierte en un lugar específico de formación y sus problemas u oportunidades de mejora son los elementos activos de aprendizaje.

El Plan de Formación ha de integrar tanto las necesidades generales de la organización, derivadas de sus estrategias globales, como las necesidades de los diferentes colectivos y personas que la integran (evolución de las profesiones, de las plantillas y de las ocupaciones; promoción y carrera, etc.). Es un instrumento diseñado para desarrollar las capacidades de los recursos humanos, adaptarlos a su ocupación, facilitarles su promoción profesional y ajustar la organización a nuevos modelos de dirección y de trabajo.

Un Plan de Formación debe responder a las siguientes preguntas:

—¿Cuál es la situación actual?
—¿Cuáles son los objetivos formativos?
—¿Cuáles son las actividades requeridas para conseguir cada objetivo?
—¿Quién hará cada cosa?
—¿Cuándo se hará?
—¿Cuánto durará?
—¿Cuánto costará?
—¿Cómo se medirán los resultados?
—¿Cómo se evaluará la mejora de la organización?

Plan de formación

El Plan de Formación es un documento escrito que especifica los objetivos formativos que se deberán conseguir y que detalla las actividades formativas que se realizarán para obtener cada objetivo, así como los recursos humanos y materiales necesarios para llevarlos a cabo.

Características del plan de formación

- Debe ser sencillo y fácil de entender.
- Debe ser claro, evitar confusiones y ambigüedades.
- Debe estar bien estructurado, organizado y ordenado.
- Debe ser práctico y realista.
- Debe ser flexible. Debe permitir introducir cambios.
- Debe ser completo.
- Debe ser breve. No debe contener información innecesaria.

En la siguiente figura se resumen las actividades principales de todo Plan de Formación.

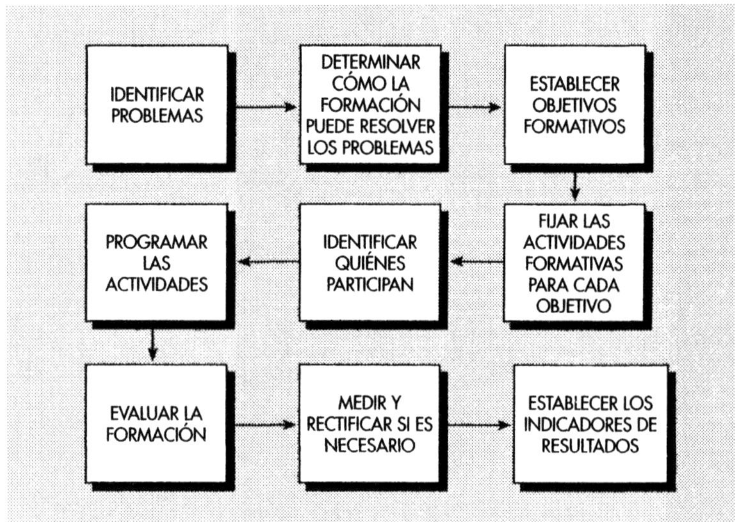

Figura 2.1. Actividades para confeccionar el Plan de Formación

Todas estas actividades pueden agruparse en diferentes etapas o fases. Éstas definen los distintos pasos que debe seguir todo proceso de planificación de la formación.

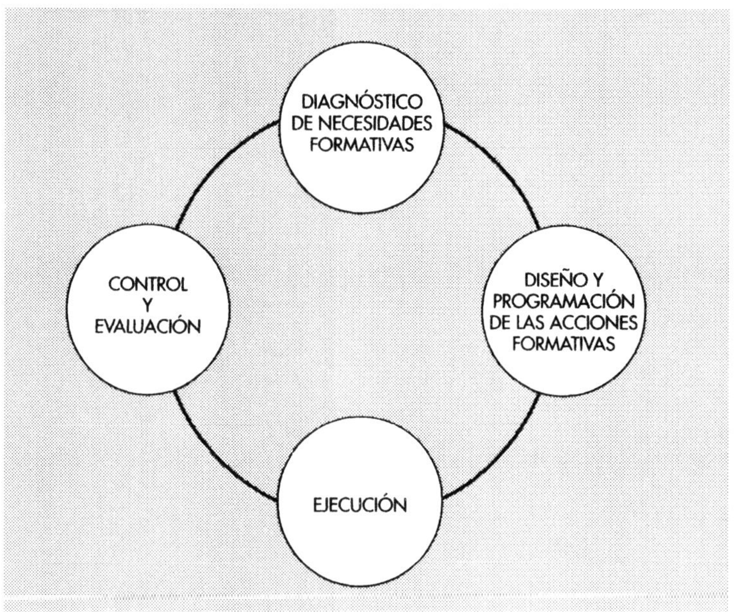

Figura 2.2. Etapas del Plan de Formación

3

ETAPA 1:
ANÁLISIS DE LAS NECESIDADES
FORMATIVAS

3.1. DIAGNÓSTICO DE LAS NECESIDADES FORMATIVAS

Todo proceso formativo efectivo empieza con el diagnóstico de las necesidades de cualificación o necesidades formativas. Con ello se pretende identificar cuáles son las carencias formativas de los empleados y establecer las cualificaciones deseadas para conseguir unos niveles de competencias determinados. A todo este proceso se le denomina *Análisis de Necesidades Formativas*.

El éxito de todo Plan de Formación reside en realizar una buena detección de las necesidades formativas. La identificación de estas necesidades es indispensable para conseguir que el Plan de Formación sea realista, es decir, que se ajuste a los problemas de las corporaciones. La planificación de la formación no es una definición genérica de necesidades; es un trabajo de análisis de la realidad de las organizaciones para averiguar qué soluciones tiene un tratamiento formativo.

El concepto de «necesidad formativa» se expresa como la diferencia entre las competencias que tiene un empleado de una corporación y las que debería poseer para desarrollar satisfactoriamente su trabajo, asumir nuevas responsabilidades, atender a las evoluciones de la ocupación o configurar una carrera de desarrollo personal y profesional.

> NECESIDAD FORMATIVA =
> COMPETENCIA DESEADA − COMPETENCIA ACTUAL

Uno de los riesgos frecuentes, cuando se realiza un análisis de necesidades formativas, es la tendencia a la inconcreción o a una excesiva generalización de las cuestiones identificadas. La planificación formativa no puede basarse en una identificación genérica de necesidades, más bien ha de fundamentarse en un trabajo de análisis de la situación de las organizaciones para averiguar cómo la formación puede ayudar a mejorarlas a fin de que ellas puedan cumplir sus misiones y finalidades.

Es esencial asociar la detección de necesidades a la situación de las organizaciones. Esta perspectiva equilibra aquellas estrategias formativas que, olvidándose de la realidad de las corporaciones, realizan el diagnóstico de las necesidades a partir de un análisis genérico de las cualificaciones esperadas para unos puestos de trabajo considerados tipo de acuerdo con un catálogo genérico. El diagnóstico de necesidades no puede realizarse haciendo abstracción total del contexto en el cual los empleados desarrollan sus ocupaciones.

Quienes realizan un análisis genérico de necesidades parten de una definición inicial de perfiles de competencias tipo, generalmente entresacados de un diccionario de competencias al uso, y luego, mediante un sistema de recogida de datos, diagnostican los perfiles de competencias de quienes ocupan los puestos de trabajo contrastándolos con las competencias de referencia. El resultado de este enfoque es un listado de conocimientos, habilidades y actitudes que se deberán desarrollar, denominadas necesidades formativas, construidas siempre en relación a unos perfiles genéricos de competencias.

Este enfoque, útil en algunas ocasiones, no ayuda realmente a situar la formación en el seno de las decisiones estratégicas de las organizaciones. Sostener este punto de vista, o alguno similar, no permite realizar una política moderna de desarrollo organizativo y de gestión del conocimiento de los empleados. Este riesgo es muy evidente tanto en el sector público como en el privado.

3.2. PROPUESTAS METODOLÓGICAS PARA DETECTAR NECESIDADES FORMATIVAS

Un buen Análisis de las Necesidades Formativas ha de basarse, fundamentalmente, en cuatro fuentes de información distintas, aunque todas ellas aportan elementos para conocer cuáles son los factores críticos para el buen funcionamiento de cualquier organización:

a) *Proyectos de cambio o inversiones nuevas.* Se trata de decisiones que tendrán un impacto a medio o largo plazo en la organización. En esta categoría se incluyen las estrategias para implantar programas nuevos, desarrollar actividades futuras, incorporar modificaciones en la política de recursos humanos o próximos cambios organizativos. En el caso de las Administraciones Públicas esta fuente de información es muy importante, sobre todo cuando éstas se encuentran inmersas hoy en día en un importante cambio de paradigma y de orientación hacia el servicio a los ciudadanos.

b) *Cambios en el entorno.* El entorno de las organizaciones es cambiante, tanto por la dinámica impuesta por las sucesivas modificaciones de su marco jurídico —ello es más evidente en el caso de las Administraciones Públicas— como por los efectos que en ellas tiene la propia evolución de la sociedad. Las transformaciones de la cultura organizativa originadas por influencia de los cambios en los sistemas de organización y de trabajo son otra fuente para identificar necesidades formativas. También pueden incluirse en este apartado las respuestas que las corporaciones dan a las nuevas y cambiantes demandas de la sociedad.

c) *Problemas o disfunciones de la organización. Ámbitos de mejora.* Se consideran problemas aquellas cuestiones o situaciones que dificultan que una corporación consiga los resultados previstos. Tienen esta consideración todas aquellas cosas que se hacen mal, desde errores cometidos hasta aquellas actuaciones de una corporación que son motivo de insatisfacción en quienes se benefician de sus bienes o servicios. En toda organización existen numerosos ámbitos de mejora.

d) *Evolución de las competencias profesionales.* La propia transformación de los sistemas de trabajo origina la necesidad de adaptar continuamente las competencias profesionales de los empleados. Por ello la formación es una actividad continua a lo largo de toda la vida profesional.

Además, las organizaciones de la Sociedad del Conocimiento aportan al análisis de necesidades una nueva perspectiva relacionada con el desarrollo personal y profesional de los empleados. En este caso, el Análisis de Necesidades debe ser lo suficientemente sensible para evaluar el horizonte de carrera profesional del empleado y sus expectativas de desarrollo personal. Ello permite complementar la dimensión organizativa con las competencias en el trabajo.

Quienes realicen la identificación de necesidades de cualificación han de tener también presente las demandas que emanan de los propios empleados. Así, durante la detección de necesidades hay que equilibrar la comprensión de la formación como derecho, una visión que adquiere notoriedad y sentido desde la perspectiva de los empleados, y la formación como deber, cuando ésta se entiende como un instrumento al servicio de los objetivos de la organización. Este equilibrio es dinámico y resulta especialmente relevante en el caso de las Administraciones Públicas, donde deben introducirse, además de los factores anteriores, la coherencia con el bien mayor y las demandas de los ciudadanos. Es importante resolver adecuadamente este equilibrio. Ello exige mucha participación y diálogo entre los distintos actores interesados en el desarrollo de la formación en las corporaciones públicas.

En el momento de realizar el análisis de necesidades estos niveles o fuentes de información no aparecen de forma clara o de manera secuencial tal como se ha expuesto anteriormente. Pero es conveniente no perder de vista su existencia, aunque sea sólo a modo de rigor intelectual en el momento del análisis. En la práctica, cuando se realiza una detección de necesidades formativas, la información se obtiene de manera deslavazada.

Se propone un enfoque metodológico basado en el análisis de una serie de vacíos de competencias asociados a los diferentes niveles de información de una organización. Existe un vacío relacionado con el nivel estratégico. La información de este nivel se obtiene analizando los proyectos y los cambios de entorno. Existe otro vacío unido al rendimiento operativo de la organización; para este vacío la fuente de información se encuentra en los ámbitos de mejora de los resultados. Finalmente, hay otro vacío referido a las competencias de los empleados; su fuente de análisis es el desarrollo de las actividades profesionales.

El *Análisis de Necesidades Formativas* puede realizarse desde una perspectiva proactiva o reactiva, o ambas a la vez. Si el objetivo del análisis es identificar cualificaciones futuras, necesarias para desarrollar proyectos estratégicos de la organización, el análisis se considera proactivo, mientras que si el análisis se lleva a cabo para identificar cualificaciones que sirvan para resolver problemas existentes, el análisis se denomina reactivo. Generalmente, los análisis proactivos parten de la planificación estratégica de la corporación local y de los planes de desarrollo

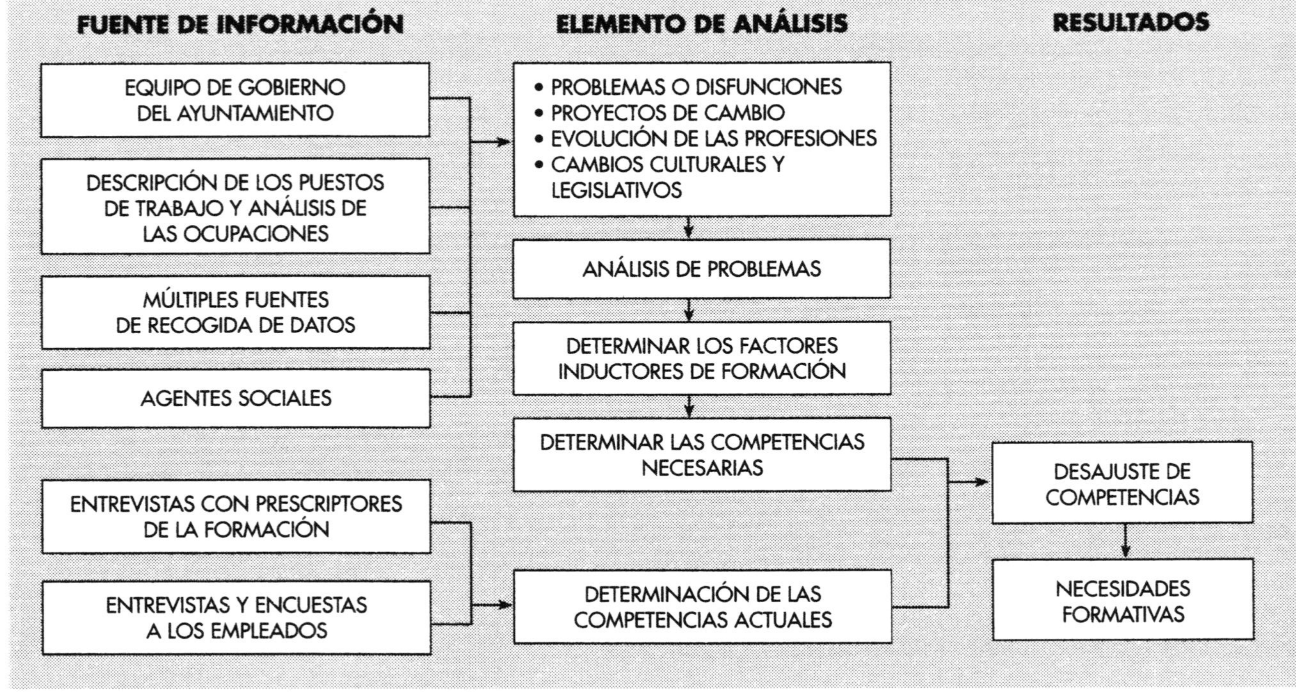

Figura 3.1. Nuevo enfoque metodológico del análisis de necesidades formativas

de los recursos humanos. Su finalidad consiste en intuir los problemas que pueda tener una corporación y anticiparse a ellos gracias a la actividad formativa. En este caso el objetivo del análisis de necesidades es identificar claramente cuáles han de ser las futuras competencias que deben poseer los empleados públicos y situar la formación en esta dirección.

La perspectiva reactiva parte de los problemas actuales de las corporaciones o de sus ámbitos de mejora. En este sentido, el análisis de necesidades pretende identificar cuáles son las competencias que deberían poseer los empleados a fin de obtener los resultados esperados. La diferencia entre las competencias esperadas y las que poseen actualmente los empleados constituye la necesidad formativa.

Las dos perspectivas son buenas y necesarias, y, desde una comprensión de la formación como un sistema, ambas son complementarias. Aunque es evidente que siempre es mucho mejor anticiparse a los problemas que resolverlos cuando surgen porque, en más de una ocasión, cuando se quiere intervenir ya es demasiado tarde. Sin embargo no siempre es posible adoptar el enfoque proactivo. En muchas ocasiones el entorno de las organizaciones sufre unas transformaciones que han quedado fuera de las certidumbres utilizadas en la formulación de la planificación estratégica. Ante estas circunstancias es aconsejable utilizar el enfoque reactivo.

Una vez determinados el conjunto de elementos que identifican las necesidades formativas, el análisis debe establecer, cuando sea posible, los objetivos de mejora y los objetivos de futuras actuaciones. Estos objetivos surgen de aplicar la metodología de análisis de problemas y están asociados a las soluciones para superar los problemas clave de las organizaciones.

Una vez establecidos los objetivos de mejora el análisis debe progresar y establecer cuáles de ellos pueden resolverse por medio de la formación. Al final de todo este proceso el responsable de confeccionar el Plan de Formación debe determinar cuáles son las competencias requeridas para hacer viables las soluciones propuestas. Se trata de definir cuáles son las competencias que los empleados deben tener y, una vez identificados los conocimientos, aptitudes o habilidades necesarias, se contrastan con las competencias que tienen actualmente. En la figura de la página siguiente se resumen los diferentes elementos de todo el proceso.

Durante la confección del Plan de Formación hay que prestar mucha atención al tema de las competencias específicas de los empleados, mucho más que a las competencias genéricas o básicas. Este enfoque es más complejo y laborioso para los gestores del Plan de Formación, pues exige una mayor dedicación en la fase de análisis y éste debe ser más preciso y fino. El éxito del proyecto formativo depende, en buena medida, del diagnóstico correcto de las competencias específicas.

El resultado final de esta fase es la identificación de las denominadas necesidades formativas. Éstas se convierten en inputs para la fase posterior del proceso, en la que se desarrollarán los objetivos formativos. Por el contrario, aquellas necesidades que no puedan ser resueltas con la formación se convierten en inputs para la mejora estructural u organizativa.

La propuesta metodológica para el *Análisis de Necesidades Formativas* se estructura alrededor de varias fases. A continuación se describe cada una de ellas.

Fases para identificar las necesidades formativas

1. Recopilar la información.
2. Identificar y analizar los principales vacíos.
3. Analizar las causas de los vacíos.
4. Dilucidar aquellas cuestiones que pueden resolverse con formación.
5. Crear un directorio de competencias.
6. Validar y consensuar el análisis.
7. Determinar las necesidades de cualificación.

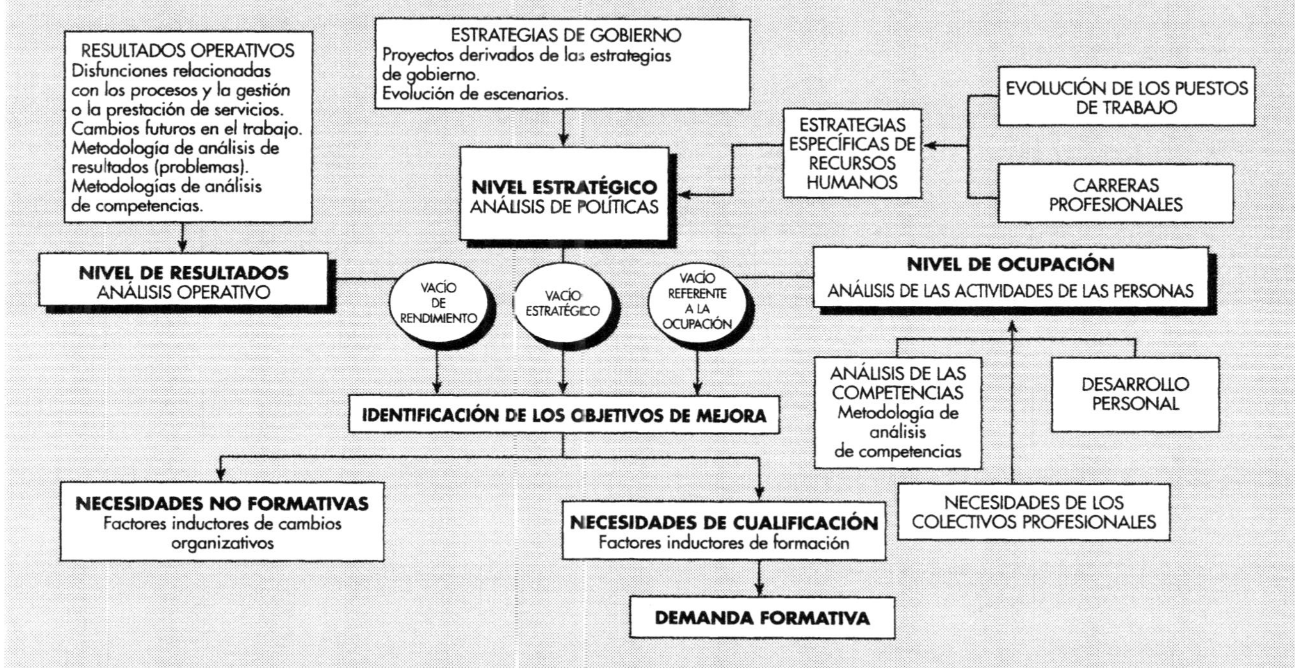

Figura 3.2. Proceso de construcción de la demanda formativa

3.2.1. *Fase 1: recopilar la información*

Durante esta fase el responsable de confeccionar el Plan de Formación identifica cuáles son los principales vacíos estratégicos, de rendimiento o de desarrollo personal y profesional de la organización. Para ello hay que recoger información sobre la situación real de la organización a partir de tres niveles o perspectivas bien diferenciadas y complementarias: la dirección, los mandos y las personas vinculadas a las operaciones. Cada uno de estos niveles aporta información referente a los proyectos estratégicos, las deficiencias o dificultades de la organización en sus actividades operativas y el desarrollo profesional de los empleados.

3.2.1.1. Nivel 1: análisis de la organización

A este nivel se analizan todos los elementos que configuran la organización: el sistema organizativo, las políticas sectoriales que deben aplicarse, la cultura o el clima de trabajo y aquellos factores globales que son críticos en la realización de las metas u objetivos generales. Se trata de conocer cuáles son los grandes objetivos estratégicos de la organización, tanto en su vertiente proactiva como reactiva

En este nivel de análisis resulta fundamental el conocimiento de los proyectos estratégicos. Éstos señalan el camino que debe seguir el conjunto de la organización y ofrecen un marco general de referencia para situar el análisis de necesidades. Es el momento de analizar las declaraciones de misión, los programas de actuación, ver cuál es el grado de cumplimiento de los objetivos estratégicos previstos, qué dificultades existen para alcanzarlos o qué proyectos no se han podido desarrollar aún.

Evidentemente, el análisis es, a este nivel, bastante genérico. Pero, a pesar de ello, se puede establecer un marco general de referencia que ayuda a evitar la dispersión y permitirá, en fases posteriores, orientar la formación de forma coherente con la realidad de la corporación y, de manera especial, con los objetivos estratégicos de la dirección.

El análisis de necesidades de la organización a nivel global pretende averiguar en qué medida las grandes decisiones estratégicas y aquellas que tienen un horizonte sólo a corto o a medio plazo pueden tener unas consecuencias que justifiquen la realización de acciones formativas.

También es propio de este nivel de análisis examinar si la estructura y las políticas organizativas, así como las políticas de recursos humanos, son capaces, adecuadas y congruentes para alcanzar los objetivos y las políticas generales de la dirección, y, en el caso de existir deficiencias o ámbitos de mejora, determinar si la formación puede ayudar a superarlos. Hay que prestar una atención especial a todos los aspectos relacionados con las políticas de recursos humanos, tanto en su vertiente de evolución previsible de los puestos de trabajo como en el desarrollo de las carreras profesionales de los empleados según el desarrollo futuro de la corporación.

3.2.1.2. Nivel 2: análisis de las operaciones

En el nivel de análisis siguiente se adopta una perspectiva operacional. Para ello debe descenderse a las actividades que realiza la corporación. Es el momento de analizar cómo se hacen las cosas y averiguar por qué no se obtienen los resultados previstos. El objetivo fundamental de este análisis es saber si las actividades se realizan bien. Especialmente, si permiten obtener los resultados esperados.

En este nivel se puede emplear cualquiera de las técnicas de análisis de problemas y definición de objetivos de mejora. El primer paso para definir correctamente los problemas consiste en ir reuniendo y definiendo por escrito de forma coherente los síntomas identificados en la fase anterior como evidencias de problemas operacionales. Escribir un problema ayuda a definirlo mejor y facilita que todo el mundo lo entienda de la misma manera. Durante esta fase es necesario definir también, con la mayor claridad posible, dónde se quiere estar después de que el problema haya sido solucionado.

Para definir el problema adecuadamente es bueno seguir estas sencillas y prácticas reglas: evitar incluir en la definición del problema las posibles causas y soluciones. Resulta aconsejable, aunque para ello sea necesario invertir algo de tiempo, definir el problema de forma medible. Evitar, siempre que sea posible, definiciones genéricas del problema. Procurar identificar los costes de estas deficiencias o problemas, es decir, su impacto económico.

Durante el análisis de las operaciones, aunque el interés resida en obtener información útil para la fase de diagnóstico, es bastante probable que también se recojan elementos útiles para definir, en una etapa posterior de análisis, los perfiles competenciales necesarios o básicos para desarrollar correctamente estas operaciones. Por este motivo, quienes realicen el análisis de necesidades deben estar atentos para recopilar aquella información que les permita identificar las competencias relacionadas con la resolución de los problemas o disfunciones detectadas.

3.2.1.3. Nivel 3: análisis de los empleados

Una vez concluida la etapa anterior el análisis de necesidades desciende al nivel de los empleados para identificar cuáles son las carencias asociadas a sus comportamientos profesionales. Cuando la organización es pequeña, no hay ninguna dificultad en que todos los empleados participen en esta fase. Sin embargo, a partir de un cierto tamaño organizativo es aconsejable trabajar con muestras de empleados y utilizar técnicas grupales de análisis cualitativo. Una primera muestra se obtiene con todos aquellos empleados que intervienen en las denominadas «Áreas Clave de Mejora». Estas áreas son aquellos ámbitos organizativos en los que se desarrollan los proyectos estratégicos más importantes o se han identificado entornos de mejora que son esenciales para conseguir los resultados de la organización. Con el análisis de los empleados relacionados con las actividades identificadas en los niveles anteriores se pretende conocer, fundamentalmente, la manera en que éstos las desarrollan, qué dificultades encuentran, qué problemas tienen, qué oportunidades de mejorar existen o qué otros factores intervienen para no conseguir los resultados esperados por la organización.

Además, pueden realizarse otras muestras que sean representativas de todas las ocupaciones o tareas desarrolladas en la corporación a fin de garantizar que, durante esta fase de análisis, se tiene la máxima información de lo ocurre en la organización.

Al igual que en los otros niveles, también al analizar las actividades de las personas se obtiene información útil para momentos posteriores. Quienes lleven a cabo la detección de necesidades pueden recoger información sobre las principales carencias competenciales de quienes ocupan los puestos de trabajo, aunque este dato no sea ahora el objetivo principal de este nivel de análisis.

Para conseguir que el plan de formación sea útil y realista hace falta que el proceso de recogida de la información sea riguroso y representativo. El responsable de confeccionar el Plan de Formación puede utilizar diversas metodologías basadas en el análisis de fuentes genéricas de información, de fuentes individuales o en la información aportada por métodos grupales.

Los métodos individuales más utilizados son los cuestionarios, las entrevistas y la observación directa, mientras que el método grupal más empleado es la discusión de grupos. Estos métodos se complementan con el análisis de la documentación de la organización. Es conveniente utilizar métodos ligeros, que no comporten excesiva movilización de recursos y que no interfieran demasiado en el funcionamiento de la organización.

Para el nivel estratégico y el nivel de mandos de la corporación se pueden emplear tanto técnicas grupales como entrevistas individualizadas. El empleo de unas u otras depende del estado de la propia organización. Si se intuye que el trabajo grupal puede cohibir o frenar la espontaneidad de los participantes, entonces es mejor emplear la estrategia de entrevistas individuales. En la recogida de información al nivel de los empleados es recomendable emplear las técnicas grupales más que los cuestionarios. Aunque, según el tamaño de la organización, será ne-

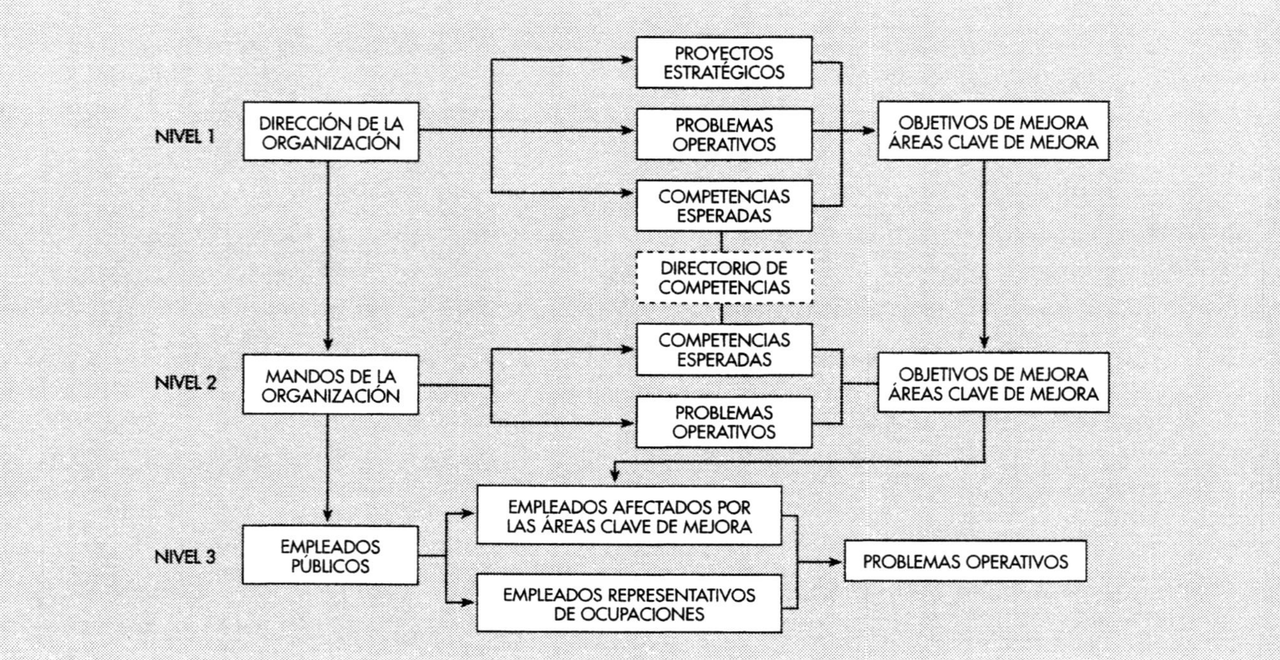

Figura 3.3. Niveles de recogida de información para el análisis de necesidades

cesario emplear cuestionarios en lugar de técnicas grupales. Éstos, aunque facilitan la recogida de información y permiten un tratamiento automático de la misma, son menos sensibles para detectar los diferentes aspectos que pretenden identificarse durante esta fase. Además, se corre el riesgo de que estos cuestionarios se confeccionen de manera estandarizada y se centren más en las actividades formativas futuras en lugar de analizar los comportamientos profesionales de los empleados. Para el análisis de necesidades en el ámbito de los empleados pueden utilizarse también técnicas cualitativas grupales.

No todas las ocupaciones de una organización están vinculadas a los proyectos o desarrollos operacionales que resultan estratégicos para el cumplimiento sobre los objetivos corporativos. Para obtener información sobre cuáles son las necesidades de estos colectivos, especialmente en su vertiente de desarrollo personal o en la evolución de cualificaciones profesionales, pueden utilizarse cuestionarios genéricos orientados a identificar vacíos competenciales relacionados con el desempeño de las tareas.

En aquellas ocasiones que sea necesario realizar un análisis más preciso de las ocupaciones, el responsable de realizar el Plan de Formación puede tener presentes las recomendaciones de la tabla de la página siguiente.

Los diferentes métodos de obtención de información en el proceso de identificación de necesidades permiten desarrollar un amplio proceso participativo y, con ello, conseguir importantes compromisos de la organización y las personas. Durante esta fase de detección de necesidades es importante contar con la participación de los empleados y de las organizaciones sindicales, pues ambos aportarán una información útil para completar la visión de la realidad de la corporación.

Tareas	Principales técnicas de análisis	Técnicas complementarias
Tareas manuales y repetitivas	Observaciones	Entrevistas Registro de las actividades en vídeo
Tareas manuales no repetitivas	Entrevista y observación	Entrevista grupal con las personas implicadas
Tareas directivas y administrativas	Cuestionario y entrevista semiestructurada	Observación y entrevista grupal
Tareas no observables en un momento determinado	Entrevista grupal	Cuestionario
Tareas futuras	*Benchmarking* y entrevistas grupales	

Al final de esta fase del proceso de detección de necesidades el responsable de confeccionar el Plan de Formación sabrá cuáles son los principales síntomas de los problemas más relevantes de la organización, tendrá una noción de qué puestos de trabajo están más afectados por ellos y, finalmente, conocerá cuáles son los efectivos humanos implicados. Complementariamente se obtendrá, aunque sea de manera parcial, una noción de cuáles son las competencias más relevantes que se deberán incorporar en el proceso formativo.

Fuentes de recogida de información

Análisis de los objetivos estratégicos.
En el ámbito público, análisis del programa de gobierno municipal.
En el ámbito público local, análisis del plan de actuación municipal.
Análisis del plan de recursos humanos.
Análisis de las competencias genéricas de los trabajadores.

Demandas derivadas por el ejercicio de nuevas competencias o cambios legislativos.

Modificaciones en los perfiles de los usuarios de los servicios.

Introducción de Nuevas Tecnologías.

Introducción de nuevas metodologías de trabajo.

Análisis de los organigramas, de las relaciones de los puestos de trabajo e informaciones similares.

Evolución de los puestos de trabajo y de las profesiones.

Reestructuraciones organizativas previstas.

Procesos de cambio de cultura organizativa.

Introducción de nuevos métodos de dirección.

Análisis de los resultados de la actividad de la organización. Indicadores de eficacia y eficiencia.

Análisis del clima laboral.

Análisis de los indicadores de eficiencia y economía.

Análisis de las sugerencias y las quejas de los ciudadanos.

Análisis de las peticiones de los directivos.

Análisis de los ámbitos de mejora.

Encuestas de opinión a los clientes y a los ciudadanos en el ámbito público.

Resultado de la evaluación del desempeño.

Entrevista personal a los empleados.

Encuestas amplias a los empleados.

Observación en el trabajo.

Análisis de problemas operacionales.

Análisis de los puestos de trabajo.

Entrevista con los prescriptores de la formación para definir la demanda.

Establecer el perfil profesional de quienes desarrollan actualmente las ocupaciones.

Entrevista con el superior de los individuos.

Análisis de las demandas individuales de formación.

Panel de expertos para analizar resultados y problemas.

Panel de expertos para hacer un análisis de incidentes críticos.
Entrevistas con colectivos de trabajadores.
Diálogo con los representantes sindicales.
Mesas de formación.

3.2.2. *Fase 2: identificar y analizar los principales vacíos*

A partir de los datos obtenidos en la fase anterior el responsable de confeccionar el **Plan de Formación** debe definir cuáles son los vacíos más importantes de la organización. Se trata de ir contrastando las situaciones esperadas con la realidad.

3.2.2.1. Vacío estratégico

Los vacíos estratégicos están relacionados con los proyectos de futuro de la organización, sus políticas sectoriales por áreas funcionales o similares —esta orientación es muy clara en el caso de las Administraciones Públicas, pues se trata de las políticas públicas— y los efectos de los cambios en el entorno junto, dada su incidencia, con las modificaciones llevadas a cabo con relación a las estrategias de los Recursos Humanos.

Cuando se trata de proyectos estratégicos, por ejemplo, es útil preguntarse: ¿dónde quiere estar la organización y dónde se encuentra?, ¿qué hay que hacer para avanzar hacia la situación deseada?

Respecto a otros parámetros estratégicos las preguntas son similares a las anteriores, por ejemplo: ¿cuál será la evolución de la plantilla en los próximos años?, ¿cómo puede influir esta evolución en las actuales competencias de los empleados?, ¿cuáles y cómo pueden influir los cambios del entorno en la organización? Este tipo de análisis es plenamente proactivo.

3.2.2.2. Vacío de rendimiento

La información del vacío sobre el rendimiento se obtiene del análisis de las actividades operacionales de la organización. El interés de este análisis reside en contrastar las metas que se quieren conseguir con la situación actual de la organización.

En la fase anterior, cuando se analizaron las operaciones mediante la técnica de resolución de problemas, se obtuvo una información que permite ahora definir cuáles han de ser las metas que ayudarán a superar las deficiencias identificadas. Estas metas son las situaciones que se quieren alcanzar resolviendo el problema o mejorando las actuales competencias.

Una meta bien definida aporta un objetivo medible que permite contrastar, en el caso de que la formación desempeñe un papel importante en la resolución del problema o la mejora operativa, la contribución real de la formación. Si se ha establecido una meta medible será mucho más fácil, en etapas posteriores, evaluar el impacto del proceso formativo. La inexistencia de objetivos medibles asociados a los procesos formativos impide, en muchas ocasiones, poder evaluar el retorno de la inversión formativa.

3.2.2.3. Vacío referente a la ocupación

Cuando se trate de cuestiones relacionadas con las competencias, se puede emplear una estrategia similar a las empleadas en el vacío anterior. En este caso se trata de comparar cuáles son los desarrollos profesionales deseados y la situación actual. Comparando ambos aspectos se obtiene una información que permite trazar un camino de mejora relacionado con la adquisición de nuevas competencias.

Este tipo de análisis, al igual que el anterior, es reactivo, aunque, según como se efectúe, el análisis de competencias también puede tener una vertiente proactiva.

Definir cada uno de estos vacíos es una buena estrategia que permitirá, más adelante, relacionar las propuestas formativas con la situación real de la organización y de sus empleados. El resultado final de todo este proceso de análisis de vacíos es identificar perfectamente los grandes objetivos de mejora que desea alcanzar una organización y asociarlos a las propuestas formativas.

3.2.3. *Fase 3: analizar las causas de los vacíos*

Una vez identificados los principales vacíos de la organización la fase siguiente consiste en averiguar cuáles son las causas que los originan. Durante esta fase se pueden emplear también algunas de las metodologías de análisis de problemas anteriormente mencionadas.

Para cada uno de los problemas o ámbitos de mejora hay que determinar cuáles pueden ser sus causas potenciales y, entre éstas, establecer las más probables o identificar las verdaderas causas. Es un proceso de sucesivos decantamientos. Se empieza con muchas y progresivamente se van reduciendo o sintetizando unas pocas. Para ello resultan apropiadas cualesquiera de las técnicas del tipo «diagrama causa-efecto», la estrategia de irse preguntando, para cada causa, sucesivos ¿por qué? Todas estas técnicas son útiles para encontrar los motivos que originan el problema analizado. Se trata de construir, con los síntomas o efectos identificados en la fase anterior, relaciones que permitan crear diagramas del tipo «árboles causa-efecto» para poder relacionar los problemas con sus causas.

3.2.4. *Fase 4: dilucidar aquellas cuestiones que pueden resolverse con formación*

Al finalizar la fase anterior, el responsable de confeccionar el Plan de Formación tiene identificados cuáles son los principales vacíos de la corporación y ha establecido sus causas. En esta fase se deben buscar las alternativas de mejora o de resolución y determinar cuáles de ellas inducen a desarrollar acciones formativas. Para ello deberá analizar la pertinencia de las soluciones propuestas y deslindar aquellas que por su naturaleza no pueden ser resueltas con formación de las que sí pueden resolverse a través de actividades formativas.

Una metodología útil en esta fase, especialmente cuando se trate de vacíos relacionados con las actividades operativas de las organizaciones, es realizar un proceso similar al empleado en la fase anterior para construir el «árbol causa-efecto» para identificar los problemas, aunque ahora la lógica sea determinar cómo hay que actuar para resolverlos. La técnica de la tormenta de ideas, por ejemplo, resulta útil para estimular y provocar una amplia lista de posibles soluciones.

Algunas de las mejoras propuestas o las soluciones a los problemas de la corporación podrán implantarse con medidas de tipo estructural o adoptando otras formas de organización del trabajo. Incluso, en algunas circunstancias, estos problemas surgen porque los empleados carecen de la información necesaria y adecuada para poder desempeñar correctamente su trabajo. En ninguna de estas situaciones el aprendizaje contribuye a resolver estos problemas. Sus soluciones se encuentran en otros ámbitos de la corporación, mucho más estructurales u organizativos.

Al final de este proceso de análisis se obtienen los denominados *Factores inductores de formación* y los *Factores inductores de actuaciones organizativas*.

Factores inductores de formación	Aquellas causas del problema que pueden resolverse con actividades formativas.
Factores inductores de actuaciones organizativas	Aquellas causas del problema que la formación no puede resolver.

3.2.5. *Fase 5. Creación del Directorio de Competencias*

Durante esta fase el responsable de confeccionar el **Plan de Formación**, a partir de la información aportada por los niveles 1 y 2, está en condiciones de confeccionar una propuesta sobre las competencias esperadas con relación a los empleados. Estas competencias se reúnen en un documento que se denomina Directorio de Competencias.

En el Directorio de Competencias, siempre personalizado y adaptado a la realidad de la organización, se describen los conocimientos, las habilidades y las actitudes necesarias para conseguir los objetivos corporativos. Para construir este directorio se parte, fundamentalmente, de los valores implícitos en la organización y de sus principales líneas estratégicas, y se busca una orientación hacia la obtención de resultados y los posibles ámbitos de mejora.

Estas competencias se identifican fundamentalmente a partir de la información aportada por el trabajo de grupos realizado en los diferentes niveles durante la fase de recogida de información. A través de técnicas cualitativas se obtiene información sobre cuáles son los comportamientos profesionales deseados. Obviamente, quienes participan en estas reuniones no expresan estos comportamientos en clave de competencias; corresponde al equipo de analistas encargados de realizar el diagnóstico de necesidades proceder a definir las competencias concretas. Al igual que el resto del trabajo de análisis de necesidades, es importante validar el trabajo de definición del Directorio de Competencias con la dirección de la organización.

Las competencias identificadas se resumen en una serie de fichas. El conjunto de estas fichas constituye el Directorio de Competencias de la corporación.

Elementos de una ficha de competencias	
Nombre	Denominación de la competencia.
Definición	Descripción genérica del conjunto de conocimientos, habilidades y actitudes referidos a esta competencia.
Comportamientos asociados	Ejemplos de actuaciones concretas observables que se esperan en aquellas personas que desempeñen adecuadamente dicha competencia.
Recomendaciones para la formación	Propuestas genéricas sobre maneras de abordar la mejora de la competencia a través de propuestas formativas.

3.2.6. *Fase 6: validar y consensuar el análisis*

El éxito del proceso formativo depende de la capacidad de realizar un buen análisis de necesidades. Si éste está bien hecho, la formación contribuirá a mejorar la actividad de la corporación, pero también contribuirá a implicar a quienes participan en los procesos formativos y a mejorar su desarrollo profesional. Los participantes perciben los programas formativos como interesantes si la formación recibida permite mejorar su actividad profesional y contribuye a su desarrollo personal.

Para hacer una buena detección de necesidades es básica la participación activa de los agentes implicados en ella. Ello permite obtener, especialmente en la fase de aprobación del Plan de Formación, un consenso amplio. La elaboración de un Plan de Formación es un proceso basado en el diálogo y el consenso. La detección de necesidades debe efectuarse a partir de un proceso participativo desplegado en cascada por toda la organización. Con el uso de diversas técnicas participativas se consigue realizar una buena detección de los problemas reales de las organizaciones y de los empleados, además de implicar a éstos en el proceso de construcción del Plan de Formación.

Los planes de formación deben basarse en un amplio consenso entre los diferentes agentes del sistema formativo, tanto los individuales como los representantes sindicales de los empleados. Los Acuerdos Nacionales para la Formación Continua establecen el carácter paritario de las acciones formativas integradas en el sistema de formación continua. No se trata únicamente de un deseo genérico, sino de una propuesta operativa que invita a las organizaciones a crear ámbitos paritarios en torno al tema de la formación. En este sentido, las experiencias desarrolladas en distintas Corporaciones Locales que consisten en construir mesas estables de formación entre la Administración y los representantes sindicales han sido positivas para crear un diálogo abierto sobre el papel de la formación en los cambios de las organizaciones y en el desarrollo profesional de los empleados públicos. Algo parecido ha sucedido en otras organizaciones, tanto públicas como privadas.

Para conseguir los objetivos anteriores, el responsable de confeccionar el plan deberá validar y consensuar su análisis con quienes hayan participado activamente durante la fase de diagnóstico, pues sólo ellos tienen capacidad para establecer el grado de fiabilidad del *Análisis de Necesidades*. Esta validación se realiza pasando el primer informe sobre las necesidades formativas a las personas que han participado activamente en los niveles 1 y 2 del análisis.

Para lograr una máxima participación, aceptación, implicación y comprensión del Plan de Formación, es aconsejable que, una vez realizada la detección de necesidades, las personas que hayan participado a lo largo de dicho proceso reciban los resultados del análisis.

Un buen *Análisis de Necesidades* debe ser realista, abierto, preciso y negociado. Estas premisas condicionan la calidad de todo el proceso de detección de necesidades. Los errores cometidos en esta etapa influyen en la calidad de todo el proceso formativo.

El Análisis de Necesidades no debe ser un modelo cerrado e inflexible, todo lo contrario. Se trata de utilizar las técnicas y metodologías de la manera más flexible posible y adaptarlas a las realidades de las distintas corporaciones y a los colectivos que se van a analizar.

Atributos de la detección de necesidades	
Realista	Partir de la identificación de los problemas de la organización.
Abierto	No prejuzgar ninguna alternativa formativa.
Preciso	Estudiar la realidad en profundidad.
Negociado	Buscar la máxima participación de los diferentes actores municipales.

No siempre debe realizarse un Análisis de Necesidades. En algunas ocasiones, por ejemplo, cuando una organización quiera difundir unos determinados valores o transmitir ciertas pautas de conducta que afectan por igual a todo el personal, no es necesario realizar dicho análisis. En estas circunstancias es evidente que el proceso formativo puede ayudar a conseguir estos objetivos, y ello se constata por puro sentido común, pero no es aconsejable utilizar ningún tipo de análisis pormenorizado.

3.2.7. *Fase 7: determinar las necesidades formativas*

Después de haber identificado los vacíos que pueden resolverse con iniciativas formativas y después de haber establecido las soluciones deseables, el paso siguiente es determinar cuáles son las competencias clave que deberán adquirir los empleados para hacer efectivas estas soluciones y lograr los resultados previstos. El conjunto de estas competencias identificadas constituirá propiamente las necesidades formativas.

En esta fase, la última dentro del proceso de *Análisis de Necesidades*, se determinan las competencias críticas. Tienen esta consideración aquellas competencias que sin su consecución no pueden alcanzarse los objetivos de mejora de los vacíos identificados. Para cualquier ocupación dentro de la organización pueden establecerse diferentes grupos de competencias con distinto grado de significación e importancia para el desarrollo final del Plan de Formación.

Al final de todo el proceso de *Análisis de Necesidades* los responsables del mismo deben confeccionar unas fichas en las cuales se identifiquen todas las cuestiones analizadas a lo largo del proceso. A continuación se sugiere una ficha resumen.

Número de identificación	
Problema/proyecto	
Denominación del problema o proyecto identificado.	

Efectos	**Causas**
— Descripción de los principales síntomas que identifican el problema. — Aspectos fundamentales del proyecto.	— Definición de las principales causas que originan el problema. — Motivación del origen del proyecto.

Colectivos de empleados afectados
Descripción de los colectivos de empleados afectados por los problemas o proyectos.

Factores inductores de formación	**Factores inductores de acciones correctoras**
Causas que pueden resolverse mediante la formación.	Causas que no se resuelven con formación.

Competencias implicadas
Cuáles son las competencias directamente relacionadas con los factores inductores de formación.

Indicadores de mejora	**Objetivos operativos**
Descripción de los indicadores que describen la situación de mejora.	Descripción de los objetivos de mejora que se deben conseguir.

En la siguiente figura se describen las distintas etapas del proceso de construcción del Plan de Formación y cómo se desarrollan las diferentes fases del proceso de detección de necesidades.

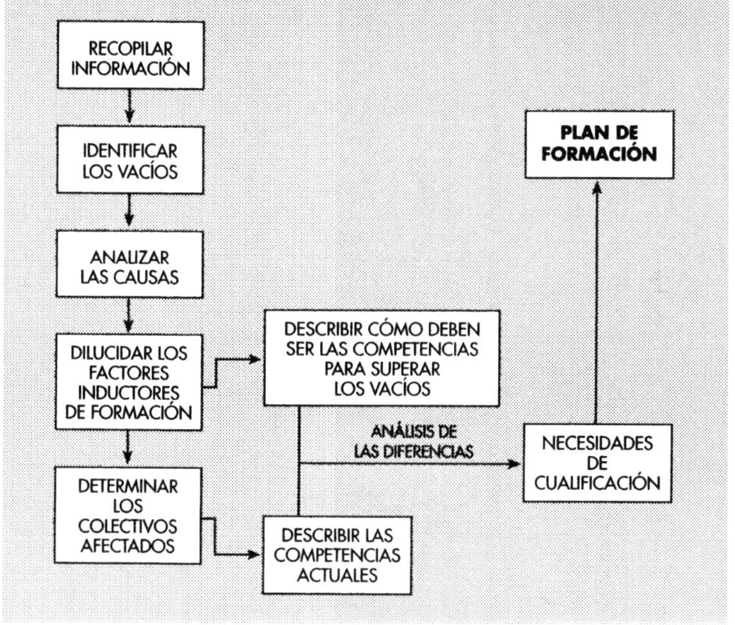

Figura 3.4. Resumen del desarrollo del Plan de Formación

4
ETAPA 2: DISEÑO Y PROGRAMACIÓN DE LAS ACCIONES FORMATIVAS. EL PLAN DE FORMACIÓN

4.1. DISEÑO DEL PLAN DE FORMACIÓN

Una vez realizado el *Análisis de Necesidades Formativas* ahora debe diseñarse propiamente el Plan de Formación con la finalidad de determinar cómo se aprenden las competencias identificadas en la etapa. Para ello han de establecerse con precisión los objetivos generales que se esperan conseguir con la formación y cuáles son las competencias que deben adquirirse. A partir de las competencias se determinan los objetivos del aprendizaje y qué personas deben participar en el proceso formativo.

Una vez identificados los objetivos formativos el responsable de formación diseña la estrategia formativa. En ésta se integran los contenidos de la formación y, según cuáles sean los recursos disponibles, se fijan los métodos y materiales didácticos. Con toda esta información se programan en el tiempo las acciones formativas y se confecciona el documento que tendrá la consideración de Plan de Formación.

Por esta razón la etapa posterior a la detección de necesidades formativas se denomina *Diseño y Programación de las Acciones Formativas*, porque en ella se establecen los contenidos del aprendizaje, los métodos que se utilizarán y los materiales que se van a emplear.

Durante esta etapa es necesario mantener también el enfoque sistemático que ordena toda la elaboración del Plan. Resumidamente, las fases que hay que seguir en esta etapa son:

Definir los objetivos formativos. Se trata de determinar qué se quiere conseguir con la formación. En la formulación de los objetivos formativos han de seguirse las mismas pautas que se aplican en la dirección por objetivos de cualquier actividad gestora.

Definir los contenidos formativos. Son las áreas de conocimiento que quieren transmitirse a través de la acción formativa en relación a las necesidades detectadas. Es el temario a partir del cual se ordenará la programación de la formación.

Definir el sistema didáctico. Es el conjunto de métodos y técnicas didácticas que se usarán para hacer efectiva la formación.

Determinar el momento y el lugar en el que se llevará a cabo la formación. La elección del momento adecuado es decisivo para el éxito de la acción formativa. Hay que evitar que la realización de la formación entorpezca la gestión y no represente un obstáculo para la disponibilidad de los destinatarios.

Definir los destinatarios. Se trata de identificar cuáles serán las personas que participarán en los programas de formación: número, nivel de formación y toda aquella información que ayude a definir mejor el grado de aprovechamiento de las acciones formativas.

Definir los sistemas de apoyo a la acción formativa. En cada actividad de formación deben utilizarse los recursos más apropiados para alcanzar los objetivos previstos: método del caso, textos, conferencias, material audiovisual, medios multimedia, etc.

Definir los formadores. Se trata de buscar a las personas más capacitadas para asumir el desarrollo de las acciones formativas.

Definir los costes de cada acción y el presupuesto global del Plan. Es la fase de presupuestar el Plan de Formación a partir del coste de las acciones formativas y de todas las actividades complementarias, unas relacionadas con los aspectos didácticos y otras propias del desarrollo de las actividades formativas.

En definitiva, diseñar la programación de la formación quiere decir hacer operativas, por medio de un sistema estructurado, las finalidades y los objetivos estratégicos del Plan de Formación buscando conseguir la máxima eficacia y eficiencia.

4.2. DEFINIR LOS OBJETIVOS FORMATIVOS

A partir de la información aportada por el análisis de las necesidades formativas, el responsable del Plan debe formular, como mucho a un año vista, los objetivos formativos, operativos y de impacto de la formación. Estos objetivos constituyen el horizonte a corto plazo —un año— que va a ser formulado dentro del Plan de Formación. Es uno de los momentos críticos del Plan, pues se trata de lograr una definición operativa de los objetivos del aprendizaje. Con la formulación de objetivos se pretende responder a preguntas del tipo: *¿qué aprenderán las personas participantes en las acciones formativas y qué sabrán hacer?*; *¿cómo mejorará la organización después de los procesos formativos?* Los objetivos formativos pretenden transformar los conocimientos en acción.

Objetivos de la formación

Objetivos de impacto

Son los efectos previstos de la acción formativa sobre el funcionamiento de la organización. Están orientados por los decisores. Se formulan y vinculan a las Áreas Clave de Mejora identificadas en la fase de *Análisis de Necesidades*.

Objetivos de la formación *(continuación)*

Objetivos operativos

Aquello que debe ser capaz de hacer el participante de una acción formativa al finalizar ésta. Describen actividades operativas. Normalmente se describen en términos de «*ser capaz de…*». Las determina quien prescribe la formación.

Objetivos pedagógicos

Son los conocimientos, capacidades o competencias que se van a adquirir a través de la formación. Los fija el formador y están formulados de manera operativa.

Los objetivos han de formularse siguiendo las mismas pautas propias de cualquier definición de objetivos. Un recurso práctico es relacionar los objetivos de aprendizaje —*¿qué sabrá el empleado?*— con los objetivos operativos —*¿qué sabrá hacer?*— y los objetivos de impacto en la organización —*¿qué mejorará la corporación con la formación?*

Criterios para definir objetivos

- Deben escribirse.
- Deben comenzar con un verbo activo en infinitivo.
- Deben incorporar un resultado mensurable.
- Deben especificar el tiempo en que debe ser conseguido.
- Deben ser ambiciosos y difíciles, pero posibles.
- Deben ser motivadores y desafiantes para las personas.

4.3. DISEÑAR LAS ACCIONES FORMATIVAS

Una vez formulados los objetivos el responsable del Plan define qué actividades hay que desarrollar para lograr cada objetivo. Es el momento de planificar los diferentes elementos del sistema didáctico y pensar en las acciones formativas.

Ahora es el momento de asociar los contenidos de aprendizaje a los objetivos formativos y determinar qué actividades se realizarán para desarrollarlos. Se trata, en definitiva, de concretar, una vez definidos los contenidos de aprendizaje, una estrategia formativa. Se advierte al lector que la estructura narrativa del manual obliga a secuenciar estas actividades, pero en la práctica todo el proceso está profundamente imbricado e interrelacionado.

A partir de los objetivos formativos se programa la didáctica del aprendizaje. Para ello se empleará la *Unidad Didáctica* como instrumento básico. La *Unidad Didáctica* es el núcleo alrededor del cual se organiza la propuesta formativa. Aunque no sea propiamente responsabilidad de quien confecciona el Plan de Formación, éste deberá conocer la manera en que el formador construye el programa formativo, pues gracias a ello podrá juzgar la coherencia de la propuesta de formación.

La *Unidad Didáctica* se construye, en gran medida, sobre la base de la *Secuencia Didáctica*. Ésta determina los contenidos básicos, pues son las actividades que el formador prevé que deben realizar, durante un tiempo determinado, las personas para aprender. En un capítulo anterior de este manual, el referido a cómo formar a las personas, se ha hecho mención a la construcción de la *Secuencia Didáctica* según los diferentes contenidos de aprendizaje. En la *Unidad Didáctica* se incluyen también aspectos relacionados con la logística de la formación y las actividades complementarias y de apoyo al aprendizaje. Además, en la *Unidad Didáctica* se define claramente cómo se inicia, se desarrolla y se concluye el proceso de aprendizaje. Trazando un símil, cada capítulo de un libro de texto puede considerarse una *Unidad Didáctica*.

Según los aprendizajes que se van a desarrollar, el formador propondrá, para cada programa formativo, una o más unidades didácticas.

Unidad didáctica
Estructura básica

Introducción: se describe el carácter de la unidad. Incluye una presentación de la misma, sus objetivos, las actividades que se realizarán, los materiales empleados, la duración y el sistema de evaluación del aprendizaje.

Objetivos didácticos: explicación de los objetivos de aprendizaje.

Contenidos: explicación de los conceptos, procedimientos y actividades que los participantes adquirirán en su aprendizaje.

Metodología: cómo se van a desarrollar los aprendizajes. Qué modelo de aprendizaje se seguirá. Tareas que van a desarrollar los participantes.

Actividades complementarias: conjunto de actividades que deben realizar los participantes para reforzar su proceso de aprendizaje.

Evaluación final: qué sistema se va a emplear para verificar el aprendizaje.

Lugar de realización de la actividad: sitio donde se va a realizar el aprendizaje. Cómo usar los espacios.

Anexos: material complementario para el aprendizaje.

Una vez definidos los objetivos formativos y tras conocer cuáles van a ser las actividades formativas asociadas a los contenidos, el responsable del Plan debe elegir la estrategia formativa que va a seguir. Se trata de analizar los posibles caminos que se pueden tomar para alcanzar los objetivos y, en función de su valor relativo, elegir aquellos —las estrategias— que parecen ofrecer más posibilidades de éxito. En estos momentos es cuando el responsable de confeccionar el Plan de Formación toma importantes decisiones que afectarán tanto a sus contenidos como a su coste. No hay que perder de vista que los recursos económicos disponibles afectarán a la decisión sobre cuál ha de ser la estrategia formativa que se deberá seguir.

La mayoría de organizaciones no presta excesiva atención a las cuestiones relacionadas con la estrategia formativa. Lo habitual, una vez identificadas las necesidades formativas, es acudir a un catálogo de cursos y escoger aquel que parece responder mejor a las necesidades detectadas. Esta actitud evita reflexionar sobre la cuestión de la estrategia. Quien sea el responsable de confeccionar el Plan de Formación debe preguntarse: ¿cuál es la mejor manera para adquirir los contenidos que indican los objetivos formativos? No siempre la mejor estrategia formativa es un curso. Existen otros recursos formativos que el responsable de formación debe barajar para construir su estrategia formativa.

Estrategia formativa

Una estrategia es siempre una elección para utilizar los recursos disponibles de tal manera que se optimice su valor y se obtenga la máxima utilidad a un mínimo coste.

Una estrategia formativa siempre significa una elección entre varias alternativas, buscando optimizar al máximo los recursos existentes. La decisión tomada condicionará el posterior desarrollo de la actividad formativa. Generalmente, esta decisión será la menos obvia de todas las posibles y representará siempre una ventaja respecto a las restantes.

Un aspecto muy relacionado con la elección de la estrategia formativa es la cuestión de considerar a la organización como una organización cualificante, una organización que aprende. Una organización cualificante es aquella en la que existen recursos que pueden utilizarse para atender, en parte, las necesidades formativas de sus propios empleados. Cualquier corporación es una organización formadora. Por ello, el responsable de desarrollar el Plan de Formación, antes de pensar en acudir al exterior de la organización en busca de recursos formativos, deberá identificar cuáles son los recursos formativos existentes en la propia organización y analizar si resultan adecuados para resolver las necesidades formativas detectadas.

La consideración de una corporación como una entidad cualificante o como una organización que aprende aporta también una dimensión nueva a la formación. Se trata de que todo el proceso formativo saque el máximo provecho a todos los conocimientos implícitos o explícitos de la organización. Una estrategia apropiada para ello consiste en averiguar, durante la fase de detección de necesidades, qué personas de la organización tienen los conocimientos apropiados para resolver los problemas identificados o alcanzar los objetivos de mejora propuestos. Luego, el responsable de confeccionar el Plan de Formación deberá establecer unos itinerarios formativos específicos para que estas personas sean buenos formadores para el resto del personal.

4.4. IDENTIFICAR A LAS PERSONAS AFECTADAS

Una vez conocidos los vacíos formativos y cuáles de sus soluciones tienen tratamiento formativo, el responsable de confeccionar el Plan de Formación dispondrá de información cualitativa suficiente y una aproximación cuantitativa sobre el número de personas susceptibles de participar en los programas formativos. Por ello, ahora se podrán determinar los colectivos y el número de empleados que se van a formar y establecer grupos de aprendizaje homogéneos a fin de aprovechar mejor los procesos de aprendizaje.

El conocimiento de quiénes son los empleados que deben participar en el proceso formativo permite al responsable de confeccionar el Plan de Formación averiguar el grado de desarrollo actual de sus competencias. Para ello existen varias estrategias. La más frecuente es utilizar unos cuestionarios adecuados a cada una de las situaciones que se quieren resolver mediante la formación. Durante esta fase el responsable de confeccionar el Plan puede emplear parte del cuestionario utilizado para recabar información respecto a los vacíos de ocupación según el desarrollo profesional y personal. Otra de las fuentes que se deben tener presentes son las entrevistas con los jefes inmediatos de quienes van a integrarse en un programa formativo. Esta entrevista es una buena fuente de información sobre cuáles son las competencias actuales de los empleados. Si la organización evalúa periódicamente el rendimiento de los empleados, los cuestionarios de evaluación constituyen otra fuente de información.

A partir de todas las informaciones anteriores el responsable de confeccionar el Plan de Formación construye la demanda formativa. Es el momento de integrar y planificar los distintos elementos que constituyen el Plan de Formación. La demanda formativa es un documento donde se integran los diferentes elementos que configurarán las actividades formativas.

En el cuadro siguiente se resumen los elementos básicos que constituyen la ficha de identificación de la demanda formativa.

Identificación de la demanda formativa	

Nombre del objetivo de mejora
   Proyecto estratégico
   Problema operativo
   Evolución de la ocupación
	Breve descripción del objetivo de mejora.

Síntomas	Definición de los síntomas y efectos detectados con relación al problema.
Causas	Definición de las principales causas del problema.
Áreas implicadas	Relación de las áreas de la organización afectadas por el problema.
Responsables	Personas responsables.
Ocupaciones implicadas	Ocupaciones directamente afectadas por las causas identificadas.
Número de personas implicadas	Cantidad de personas afectadas.
Factores inductores de formación	Causas que pueden resolverse mediante la formación.
Factores inductores de acciones correctoras	Causas que no pueden resolverse con la formación y que precisan de medidas estructurales u organizativas.
Objetivos de mejora esperados	Breve descripción de cómo la organización percibirá la nueva situación una vez superadas las causas que provocan el problema. Son los síntomas de haber resuelto el problema.

Identificación de la demanda formativa *(continuación)*	
Objetivos operativos esperados	Descripción de los objetivos que se quieren conseguir cuando se superen las causas que provocan el problema.
Objetivos pedagógicos esperados a nivel de: • *Conocimientos* • *Habilidades* • *Actitudes*	Relación de las competencias directamente relacionadas con los factores inductores de formación.
Resultado del nivel de competencias que tienen las personas que se van a formar	Se relacionan las competencias y las personas y colectivos afectados por el problema. Para cada uno de estos elementos se identifica el correspondiente nivel de competencias.
Comentarios de los entrevistados	Breve descripción de los resultados obtenidos por cada competencia y su relación con las causas de los problemas.

4.5. CALCULAR LOS COSTES DE LA FORMACIÓN

A partir de la información anterior el responsable del Plan de Formación puede calcular los costes de cada acción formativa y el presupuesto global del Plan. Sin embargo, el coste total del Plan no es sólo la suma de los gastos imputables a las acciones formativas. G. Le Boterf y otros[1] aportan una nueva perspectiva al analizar esta cuestión desde la lógica de la gestión de la calidad. Según estos autores, los costes de la calidad de la formación están asociados tanto a los costes del desarrollo de la actividad formativa y la evaluación de los resultados como a los costes de la no calidad de la formación. Éstos se relacionan con fallos ocurridos durante la actividad formativa o con problemas

1. Le Boterf, G., Barzucchetti, S. y Vincent, F., *Cómo gestionar la calidad de la formación*, Barcelona, Gestión 2000, 1993.

indirectos que surgen, en gran parte, después de haber finaliza-
do la acción formativa.

> COSTES DE LA FORMACIÓN =
> costes de calidad (prevención y evaluación) +
> costes de la no calidad (fallos externos e internos)

Los costes de los fallos internos están asociados a varios factores. En algunos casos, por ejemplo, un mal diseño pedagógico de la acción formativa puede provocar el poco aprovechamiento de la misma; en otras ocasiones, una mala detección de
las necesidades formativas es otro error que tiene importantes
repercusiones económicas. Finalmente, en este mismo orden de
cosas, una mala selección de los participantes o una elección in-
correcta de los formadores pueden constituir otra fuente de gastos inútiles asociados a la formación.

Otro nivel de consideración son las cuestiones relacionadas
con los fallos externos del proceso formativo. Esta cuestión está
originada también por diversos factores. Tal como han eviden-
ciado algunas encuestas de evaluación del impacto de la formación, el poco interés de la organización en poner en práctica los
aprendizajes puede considerarse como un ejemplo de fallo ex-
terno. Un efecto parecido lo provoca el diseño de currículos formativos inconsistentes o sin coherencia interna.

Costes totales de la calidad formativa

Costes de la acción formativa

- Diseño de la actividad.
- Detección de necesidades.
- Costes de personal (de los formadores, de los asistentes, del personal ad-
  ministrativo de soporte).
- Análisis de competencias.
- Materiales y recursos formativos.
- Costes de inversión (locales, material no consumible).

Costes totales de la calidad formativa *(continuación)*

Costes de la acción formativa *(continuación)*
- Experiencias piloto.
- Formación de formadores.
- Desplazamientos.
- Alquiler de espacios formativos.
- Difusión de las actividades.
- Coste de la horas no trabajadas por los participantes.

Costes de evaluación
- Evaluación del impacto.
- Control y seguimiento de la ejecución del plan.
- Encuestas de satisfacción a los participantes.

Costes por fallos internos
- Durante la acción.
- Mala detección de necesidades.
- Desmotivación de los participantes.
- Participantes sin el perfil adecuado.

Costes por fallos externos
- Problemas posteriores a la acción formativa.
- Falta de aplicación de las capacitaciones.
- Incoherencia con otras capacitaciones.
- Mala sincronización.

Al finalizar el diseño de las acciones formativas se tendrá una descripción detallada del conjunto de actividades que constituyen el Plan de Formación. En cada una de ellas se indican los objetivos formativos, a qué colectivos o personas va destinada, el calendario previsto, dónde se localizan, quién o quiénes serán los formadores y el coste total de la actividad. Integrando toda esta información se obtiene una visión de la totalidad del Plan de Formación. En la página siguiente se muestra una hoja donde se resumen los diferentes elementos que conforman la información básica de un Plan de Formación.

Elementos de la planificación de las acciones formativas

- Formulación del objetivo formativo.
- Resultados esperados del aprendizaje.
- Responsabilidad: determinar quién es el responsable directo de la acción formativa.
- Participantes: qué colectivos o personas participarán en la acción formativa.
- Criterios de selección de los participantes.
- Actividades: qué actividades constituirán la acción formativa.
- Metodología didáctica que se va a utilizar.
- Materiales y recursos pedagógicos previstos.
- Formadores: especificar quiénes desarrollarán la acción formativa.
- Temporalización: tiempo de realización (fecha de comienzo y finalización y número de días).
- Localización: indicar dónde se va a desarrollar la acción formativa.
- Lugar: identificar los espacios donde va a desarrollarse la acción formativa.
- Costes: determinar los recursos asignados para conseguir llevar a cabo la actividad.
- Seguimiento y control: especificar el dispositivo de medida que efectúe el seguimiento de cada actividad y la evaluación final de resultados.
- Marketing interno: diseñar la campaña de comunicación interna que se va a llevar a cabo para dar a conocer la acción formativa.

La planificación de las diferentes actividades de las acciones formativas sirve también para verificar la viabilidad de los objetivos formativos, pues la desagregación de las acciones formativas en actividades conduce a su racionalización y al ajuste real en función de las posibilidades, tanto en términos temporales como de recursos disponibles.

Plantilla para planificar las acciones formativas								
NOMBRE DE LA ACCIÓN	COLECTIVO	TOTAL HORAS	NÚMERO DE PARTICI- PANTES POR EDICIÓN	NÚMERO DE EDICIONES	NÚMERO TOTAL DE PARTICIPANTES	ESPACIOS FORMATIVOS	FORMADORES	FORMA DE CONVOCATORIA	COSTE

5
ETAPA 3: EJECUCIÓN DEL PLAN

5.1. INGENIERÍA DE LA FORMACIÓN

La actividad básica de esta etapa es ejecutar las diferentes acciones integradas en el Plan de Formación. Para ello el responsable del Plan debe utilizar varios recursos relacionados con la ingeniería y la gestión de la calidad de la formación. Entre éstos destacan como los más importantes el *Pliego de Condiciones,* el *Programa Formativo,* la *Guía de Aprendizaje* y el *Plan de Gestión,* todos ellos elaborados específicamente para cada una de las acciones formativas contenidas en el Plan.

5.1.1. *Pliego de Condiciones*

El *Pliego de Condiciones* es un documento elaborado por el responsable de formación para las personas que deben ejecutar cada una de las acciones formativas. En el *Pliego de Condiciones* se concretan cuáles son las expectativas que tiene quien organiza la formación respecto a cada una de las acciones formativas.

En este documento se detalla el conjunto de especificaciones que debe tener cada una de las acciones formativas.

En el *Pliego de Condiciones* se menciona la contribución esperada a la acción formativa, detallada en forma de objetivos pedagógicos que se deben conseguir, cuáles son las características de las personas que se van a formar, y se formalizan los objetivos operativos. Asimismo, se relacionan los principales criterios de organización y funcionamiento de la acción formativa, como son la programación y la metodología formativa, su duración y el tipo de material pedagógico que se utilizará. También se mencionan las grandes líneas de contenido de la formación, las sugerencias referentes a la transferibilidad de la misma y el coste de la actividad

Es aconsejable redactar un *Pliego de Condiciones* de carácter general, sencillo y breve, redactado en un lenguaje comprensible para quien deba prestar la formación y que puede utilizarse, como será lo más habitual, como pauta para contratar las acciones formativas. En el caso de las Administraciones Públicas, estas especificaciones serán útiles en aquellos casos en que se deba realizar un concurso público para contratar externamente la formación.

El *Pliego de Condiciones* debe ser lo más concreto posible en relación a las acciones formativas, aunque, a su vez, no debe limitar la autonomía y creatividad de quienes vayan a realizar la formación.

Contenido de un pliego de condiciones de carácter general

Título de la acción formativa	Lo más explicativo posible.
Contribución esperada de la formación	Indicar si la formación contribuye a desarrollar un proyecto, resolver un problema o una disfunción, dar respuesta a la evolución de los empleos o a los cambios generales operados en los recursos humanos de la organización.
Objetivos operativos	Las actividades que los participantes deberán saber hacer en su ocupación después de la acción formativa.

Contenido de un pliego de condiciones... *(continuación)*	
Contenidos	Grandes líneas de los contenidos formativos.
Destinatarios	Criterios de segmentación para escoger a las personas que participarán en las acciones formativas.
Metodología didáctica	Especificar si se trata de un curso/seminario/taller/conferencia/jornada/otros…
Duración	Tiempo total de la acción formativa.
Calendario	Fechas de la acción formativa.
Lugar	Dónde se va a realizar la acción formativa.

El *Pliego de Condiciones* es un documento de referencia que permite al responsable de la formación relacionarse con los formadores. Buena parte de la formación se realiza con recursos externos a las organizaciones, por lo que este documento permite precisar mejor el encargo a los proveedores de formación. En organizaciones grandes, cuando el responsable de la formación depende de la información aportada por los departamentos, no siempre resulta fácil elaborar el *Pliego de Condiciones*, ya que estas unidades no aportan toda la información necesaria para confeccionarlo. A pesar de ello, el responsable de ejecutar el Plan de Formación debe manejar una información parecida a la contenida en el *Pliego de Condiciones* a fin de precisar cuál es su demanda formativa y establecer un buen canal de relación y comunicación con los prestadores de la formación.

El *Pliego de Condiciones* puede complementarse con otra información menos técnica, pero de interés administrativo. Por ejemplo, con formularios para el control de asistencia, un modelo de encuesta de valoración de la acción formativa por parte del formador, un modelo de encuesta de valoración de la satisfacción de los participantes de la acción formativa, datos fiscales y bancarios para realizar el pago de la actividad y la manera de presentar estos datos. Junto a esta información los organizadores de la formación pueden especificar, si se considera oportuno, cómo debe maquetarse el material que se integrará en la *Guía de Aprendizaje*.

5.1.2. *Programa Formativo*

El *Programa Formativo* es un documento que debe ser coherente con el *Pliego de Condiciones* correspondiente. En este documento se especifican los principales elementos que integran la acción formativa. Se trata de un material técnico que por sus características complementa el *Pliego de Condiciones* desde la perspectiva pedagógica. Es responsabilidad de quien realiza la formación.

Programa formativo	
Título	Enunciado que informa, de manera concisa, del contenido de la acción formativa.
Modalidad formativa	Tipología de la acción formativa.
Objetivos pedagógicos	Definición de las competencias que adquirirán los participantes y que serán capaces de aplicar en su ocupación.
Contenidos del aprendizaje	Relación de los contenidos conceptuales, procedimentales y actitudinales que deberán adquirir los participantes en las acciones formativas.
Secuencia formativa	Articulación de las diferentes fases del proceso de aprendizaje para alcanzar los objetivos pedagógicos.
Recursos didácticos	Descripción del material que se va a utilizar por parte de los formadores y de los participantes.
Temporalización	Previsión del tiempo previsto para desarrollar cada una de las fases de la secuencia formativa.
Documentación	Juego completo del material de trabajo y de lectura, casos prácticos, transparencias y ejercicios que han de usar los participantes.
Sistema de evaluación al final de la acción formativa	Modelo de cuestionario para evaluar la satisfacción de los participantes al final de la acción formativa. Modelo del informe del formador al prescriptor de la formación.
Formadores	Nombre, titulación y experiencia de los formadores.

5.1.3. *Guía de Aprendizaje*

La *Guía de Aprendizaje* es la referencia principal que tendrá el participante de una acción formativa sobre su contenido, estructuración y programación, y las actividades asociadas al proceso de aprendizaje. Es una manera de ordenar el proceso formativo e implicar al participante.

Con esta guía cualquier participante en una actividad formativa ha de poder identificar perfectamente cuáles son los objetivos del aprendizaje y cómo aprenderá. Además, debe disponer de diversos recursos para complementar la formación, como pueden ser: textos de referencia, lecturas de refuerzo al aprendizaje, páginas web de consulta, ejercicios, etc. Esta guía debe contener también aquello que espera la organización del participante después del proceso formativo y cuál será, aunque sea enunciado de forma genérica, el sistema de evaluación del aprendizaje. Aunque luego esta evaluación no se realice en su sentido más estricto, es recomendable que quien participe en una actividad formativa sepa cómo puede evaluarse su cualificación profesional adquirida a través del aprendizaje.

Elementos de la guía de aprendizaje

- Presentación de la acción formativa.
- Objetivos del aprendizaje.
- Contenido.
- Desarrollo.
- Ejercicios.
- Resumen.
- Bibliografía.
- Valoración del aprendizaje.
- Ejercicios de autoevaluación.
- Lecturas complementarias.
- Páginas web de consulta.
- Recursos complementarios.

La *Guía de Aprendizaje* ha de ser un recurso que se pueda emplear tanto para orientar a los participantes a lo largo de su proceso formativo como para que éste tenga unos elementos claros de referencia respecto a los contenidos del aprendizaje. La confección de la *Guía de Aprendizaje* es relativamente fácil, pues se elabora, en parte, a partir de la información del *Programa Formativo*.

5.1.4. Plan de Gestión

El *Plan de Gestión* es una guía práctica para concretar los aprendizajes adquiridos durante el proceso formativo y ayudar a su transferencia en las ocupaciones de los participantes. El *Plan de Gestión* asegura la correcta transferencia operativa del aprendizaje. Es un recurso práctico que el responsable del Plan debe controlar para asegurar el éxito de la formación en términos de mejora organizativa.

Transferencia pedagógica

Consiste en aplicar de forma efectiva en una ocupación las capacidades adquiridas en el proceso formativo.

La transferencia no es una cuestión únicamente abordable desde la perspectiva pedagógica, también tiene asociados importantes aspectos de gestión. El responsable del Plan ha de seguir muy activamente la manera en que las personas que han participado en el proceso formativo aplican los conceptos en sus ocupaciones. Esta información es muy útil para diseñar las posteriores acciones formativas, especialmente para controlar los diferentes elementos que condicionan la transferencia de los aprendizajes.

Factores que influyen en la transferencia

- La identificación y formulación de los objetivos.
- La definición de los *Pliegos de Condiciones*.
- La formulación de los objetivos pedagógicos.
- La correcta organización de la formación y la metodología empleada.
- El hecho de disponer de un buen sistema de evaluación del impacto de la formación.

La confección del *Plan de Gestión* se ajusta a los contenidos de cada aprendizaje y depende siempre de cada una de las acciones formativas. El *Plan de Gestión* debe resumir los contenidos fundamentales del aprendizaje y establecer una serie de ejercicios que permitan al participante concretar, en forma de iniciativas personales de gestión aplicables a su ocupación, los aspectos más importantes del proceso formativo.

5.2. DIDÁCTICA

Dentro de la etapa de la ejecución es el momento de poner en práctica los programas de formación a fin de transferir los conocimientos, habilidades y actitudes a los diferentes participantes en las acciones formativas. Para ello los responsables de formación, en la mayoría de ocasiones, acudirán a las ofertas existentes en el mercado formativo. En él escogerán aquellas propuestas que consideren más adecuadas para resolver las necesidades formativas detectadas.

En el apartado anterior se han propuesto diversos recursos que ayudan a asegurar la calidad a lo largo del proceso de elección de los formadores y en la fase posterior de transferencia del aprendizaje a la actividad laboral. Sin embargo, el momento de la verdad es cuando los formadores desarrollan las acciones formativas. Es entonces cuando se hace posible el aprendizaje real de los participantes a través del desarrollo del contenido de las acciones formativas. Un proceso de aprendizaje inteligente consiste en conseguir que los participantes, al finalizar la actividad formativa, sean capaces de identificar aquello que han aprendido y cómo lo han aprendido.

El responsable de la formación debe estar atento a cómo ejecutan los formadores las acciones formativas. Desarrollar una acción formativa exige mucho más que conseguir mantener la atención de los participantes durante un determinado tiempo. Que el formador sea ameno, simpático o muy participativo no es suficiente para lograr que las personas aprendan. El desarrollo de una acción formativa no es un espectáculo. Es, simplemente, un momento en el cual una persona, el formador, debe lograr con sus habilidades que otra persona, el participante, se interese y aprenda. A continuación se sugieren algunas pautas que, a modo de referencia, pueden ser útiles para quienes tengan el encargo de contratar acciones de formación en el mercado formativo.

El responsable de la formación, ante una propuesta formativa, deberá analizar la secuencia didáctica propuesta y evaluar si es la adecuada para conseguir los aprendizajes esperados. En este sentido, A. Zabala[1] sugiere un test que permite verificar la idoneidad de la propuesta formativa. Se trata de examinar si durante la secuencia didáctica existen actividades cuyo desarrollo asegure el aprendizaje correcto. Para ello el responsable de formación, para cada una de las fases de la secuencia formativa, deberá realizar una serie de preguntas a fin de evaluar cada una de las fases.

5.2.1. Evaluar la fase inicial del aprendizaje

1. *¿Hay alguna actividad motivadora que provoque el fomento de una actitud favorable hacia los contenidos de aprendizaje?* Esta pregunta analiza si se realizan actividades encaminadas a despertar el interés del participante a aprender.

2. *¿Se genera el conflicto cognitivo (desequilibrio) y la activación de los conocimientos previos?, ¿existen actividades cuyos contenidos se plantean de tal manera que resulten significativos y funcionales para los participantes?* Se trata de averiguar si el formador propone actividades para estimular la actividad mental de los participantes.

3. *¿Hay negociación compartida en la definición de los objetivos?* El origen de esta pregunta está relacionado con la metacogni-

---

1. Zabala, A., *La práctica educativa: cómo enseñar*, Barcelona, Graó, 2000, págs. 64-65.

ción. Ésta dice que una persona aprende más y mejor cuando es consciente de su propio proceso de aprendizaje. Por eso esta pregunta evalúa si existe alguna actividad para que el participante del proceso formativo sea consciente de cómo aprende y qué método utiliza para aprender.

4. *¿Hay planificación compartida de las actividades que deben realizar los participantes?* Con esta pregunta se evalúa si los contenidos se aprenden de manera gradual. Además, hay que analizar si las actividades propuestas *representan un reto abordable para el participante de tal manera que permitan mejorar sus competencias de manera progresiva a fin de construir zonas de aprendizaje cada más próximas entre ellas.*

5.2.2. Evaluar la fase de desarrollo del aprendizaje

5. A continuación se valora si la secuencia de actividades asegura un correcto aprendizaje de los contenidos: *¿se realizan las actividades necesarias para construir los significados?, ¿estas actividades provocan un conflicto cognitivo para estimular la actividad mental de los participantes y desvelar su interés para relacionar los nuevos contenidos del aprendizaje con sus ocupaciones?* Una vez dilucidada esta cuestión el responsable de formación debe formularse la siguiente cuestión: *¿son estas actividades las necesarias y las más indicadas?*

A continuación el análisis debe centrarse directamente en los contenidos formativos. El responsable de gestionar el Plan de Formación debe emplear criterios distintos para valorar la idoneidad de aprendizaje de los diferentes contenidos, pues cada uno de ellos se aprende de maneras distintas.

Esta quinta pregunta afecta al núcleo importante y esencial del proceso de aprendizaje. Seguidamente se indican, de forma breve, cuáles son las actividades de las secuencias didácticas que se van a desarrollar para cada uno de los diferentes contenidos del aprendizaje.

a) *Criterios para evaluar la secuencia didáctica para el aprendizaje de los contenidos factuales*
   - Presentación (actitud favorable, significatividad, funcionalidad).
   - Comprensión de los conceptos asociados.
   - Ejercitación (memorización).

b) *Criterios para evaluar la secuencia didáctica del aprendizaje de los contenidos conceptuales*
   - Presentación (actitud favorable, significatividad, funcionalidad).
   - Elaboración (conceptos previos, conflicto cognitivo, desequilibrio).
   - Construcción (actividad mental reestructuradora).
   - Aplicación (generalización).
   - Ejercitación (memorización).

c) *Criterios para evaluar la secuencia didáctica para el aprendizaje de los contenidos procedimentales*
   - Presentación (actitud favorable, significatividad, funcionalidad).
   - Comprensión global y de cada una de las fases que lo componen.
   - Ejercicios secuenciados progresivamente y con ayuda contingente.
   - Aplicación autónoma.

d) *Criterios para evaluar la secuencia didáctica de los contenidos actitudinales*
   - Presentación (actitud favorable, significatividad, funcionalidad).
   - Análisis y reflexión.
   - Construcción de los principios de actuación.
   - Toma de posición.
   - Compromiso explícito.
   - Revisión periódica de las acciones.

5.2.3. *Evaluar la fase conclusiva del aprendizaje*

Existen varias preguntas para evaluar la última fase del proceso de aprendizaje.

6. *¿Hay una fase final de formulación de conclusiones, descontextualización y generalización del aprendizaje?*

7. *¿Se destina un tiempo para evaluar el proceso formativo? ¿Hay un proceso de evaluación del proceso y de los resultados?* En la fase conclusiva del aprendizaje hay que preguntar a los participantes qué han entendido, si entienden lo aprendido, si lo aprendido les sirve en sus ocupaciones etc.

8. *¿Existe una estrategia para recordar lo aprendido?* Hay muchas maneras de recordar lo que se ha aprendido. Por ejemplo, entregar un material escrito a los participantes como recordatorio, repartir unas instrucciones, que los participantes hagan un trabajo de recopilación y de aplicación de lo aprendido en su puesto de trabajo, etc.

6
ETAPA 4: SEGUIMIENTO Y EVALUACIÓN

6.1. SISTEMA DE SEGUIMIENTO

El sistema de seguimiento y control de la actividad formativa es un instrumento de gestión que utilizará el responsable de la ejecución del Plan para tener información oportuna sobre su desarrollo. El control permite al responsable del Plan saber que todas las actividades se desarrollan de acuerdo con la programación prevista o descubrir desviaciones sobre la planificación.

Gracias al seguimiento de la ejecución de la formación el responsable del Plan de Formación puede introducir acciones correctoras cuando surjan desviaciones y antes de que éstas produzcan efectos no deseados en la calidad de la formación. En este caso el sistema de seguimiento facilita una información que debe ser pertinente para poder tomar decisiones correctoras y asegurar la calidad del Plan de Formación.

Instrumentos y métodos de control

- Cuadro de mando formado por indicadores de gestión, actividad y económicos.
- Informes verbales de los responsables.
- Informes realizados por distintos grupos de la organización:

  — los directivos;
  — los responsables de operaciones;
  — mixtos;
  — de agencias externas.

- Observación de los resultados.
- Encuestas o cuestionarios de satisfacción a los participantes.
- Memorias de evaluación.
- Revisiones sistemáticas del Plan de Formación.

El conjunto de indicadores empleados para el seguimiento y control del Plan de Formación puede agruparse en un documento de gestión semejante al *Cuadro de Mando* empleado en el control habitual de gestión. El *Cuadro de Mando* de formación, como todo instrumento de gestión, debe basarse en un sistema de medición, un sistema de información y un sistema de decisión.[1]

Sistema de medición	Criterios, indicadores, objetivos que alcanzar, normas que se deberán respetar.
Sistema de información	Cómo obtener los valores de los indicadores, periodicidad de recolección de datos, fuentes de información.
Sistema de decisión	Quién mide, uso de los indicadores, decisiones asociadas a los indicadores

En el *Cuadro de Mando* de formación debe integrarse un conjunto de criterios e indicadores que sean relevantes para asegurar la calidad del desarrollo del Plan de Formación, tanto desde

1. Le Boterf, G., Barzucchetti, S. y Vincent, F., *Cómo gestionar la calidad de la formación*, Barcelona, Gestión 2000, 1993, pág. 194.

la vertiente del control del cumplimiento de los objetivos básicos del Plan como por la prevención o resolución de las posibles desviaciones que surjan durante su ejecución.

Los criterios de calidad del Plan son un conjunto de atributos que expresan las distintas expectativas que tienen los diferentes agentes del sistema formativo. Los gestores del Plan deben descubrir, en todo momento, cuáles son estos atributos y cómo se expresan de manera consistente. Además, deben asumir que cada uno de los agentes del sistema formativo percibe de modo diferente las cualidades que expresan estos atributos. Los indicadores de calidad son las mediciones cuantitativas realizadas para verificar la existencia de estos atributos de calidad. Buena parte de estos indicadores son controlados a través del sistema de evaluación del Plan. Por ello, algunos mecanismos de evaluación, por ejemplo aquellos que pretenden medir el grado de satisfacción de los participantes, tal como se presentarán más adelante, pueden considerarse, a su vez, instrumentos de control y seguimiento del Plan.

Los elementos más relevantes que se deben controlar durante la ejecución del Plan son aquellos que pueden influir directamente sobre el logro de los objetivos formativos y los que pueden incidir en las expectativas de los diferentes agentes del sistema formativo. En ambos casos, las desviaciones sobre estos factores alteran la calidad del *Plan de Formación*. El *Cuadro de Mando* de formación debe seguir la evolución de estos factores y facilitar suficientes mediciones de control que permitan, si es el caso, tomar decisiones correctoras.

6.2. SISTEMA DE EVALUACIÓN

La evaluación de la efectividad de la formación es una de las cuestiones más controvertidas en el proceso de desarrollo y aplicación de los planes de formación. Existe la idea, muy extendida entre los promotores y consultores de la formación, de que son escasas las organizaciones que evalúan la formación de manera sistemática y con eficacia.

La evaluación siempre ha sido una cuestión muy debatida y muy poco practicada. La evaluación es un aspecto clave, pues sin un análisis sistemático de los resultados de la formación es difícil seguir proponiendo, de forma coherente, nuevas acciones. La evaluación de la formación es muy necesaria tanto para quienes la gestionan como para quienes tienen la capacidad de tomar decisiones sobre su desarrollo en una organización. El sistema de evaluación permite al responsable de formación analizar los resultados obtenidos y averiguar el grado de consecución de los objetivos previstos y sus consecuencias. Para el decisor, la evaluación debe aportar información sobre cómo mejora y cambia la organización por efecto de la formación.

La evaluación es necesaria e imprescindible al final de cualquier actividad formativa.

¿Por qué es tan difícil evaluar? En primer lugar es preciso desmitificar el estereotipo de que es muy difícil evaluar el impacto de la formación. Parte de la dificultad para evaluar estriba en el propio diseño de las acciones formativas. Cuando los programas formativos no están relacionados con los problemas y proyectos de las organizaciones o con el desarrollo de las capacidades profesionales de los empleados, es muy difícil evaluar. Además, en muchas ocasiones, los participantes de los programas formativos lo son a título individual y no por prescripción de sus superiores en la organización. La mayoría de planes de formación no evalúa la transferencia de los aprendizajes a las ocupaciones o cómo la formación responde a las necesidades de la organización. Como mucho se evalúan los conocimientos adquiridos por los participantes en las acciones formativas y la satisfacción de ellos ante los formadores.

La clave de la evaluación está en la propia identificación de las necesidades formativas y en la correcta definición de los objetivos de aprendizaje. Tan sólo podrá realizarse una evaluación correcta de la formación cuando ésta se relacione con el análisis de necesidades formativas. El interés de la evaluación no es únicamente verificar cómo se han desarrollado las actividades formativas, sino cómo éstas han permitido alcanzar los objetivos formativos identificados en el *Análisis de Necesidades*.

En torno a la evaluación existe también cierto grado de confusión, debido a que no todo el mundo la entiende de la misma manera. Esta disparidad de criterios produce prácticas evaluativas diferentes. ¿Qué ocurre? Sucede que predomina un determinado enfoque práctico de la evaluación que impide comprender otros enfoques del proceso evaluativo que van más allá de una cierta comprensión académica del proceso formativo.

En la mayoría de actividades formativas sólo se abordan correctamente ciertos aspectos de la evaluación. Por ejemplo, al final de las actividades formativas se pulsa la opinión de los participantes sobre el desarrollo de la propia actividad; en otras ocasiones, según la naturaleza de la formación, se establecen unas pruebas para saber el grado de asimilación de los aprendizajes y, en otras, los promotores analizan la bondad de la gestión de la formación. Pero casi siempre, aduciendo razones de complejidad, se orilla realizar una evaluación del impacto del Plan de Formación.

En el estereotipo formativo dominante en las organizaciones aún predomina la idea de vincular el aprendizaje a la acumulación de conocimientos y, como efecto colateral, pero muy importante en el caso de las Administraciones Públicas, a la simple acumulación de méritos para las oposiciones y promociones de los empleados. Es deseable promover un punto de vista distinto. Es necesario que las corporaciones entiendan que el aprendizaje de los empleados ha de servir para mejorar sus competencias, a fin de poder realizar aquello que su organización espera de ellos, y que, además, es un proceso de amplia utilidad para el desarrollo personal.

¿Qué es evaluar? Una primera respuesta, útil para cualquier proceso evaluativo, afirma que «evaluar es todo proceso de recopilación y análisis de información relevante dirigido a describir una determinada realidad y a emitir un juicio de valor sobre su adecuación a un referente prestablecido, como base para una toma de decisiones dirigida al cambio de la realidad analizada».[2] Esta definición, por supuesto genérica, sirve para establecer un marco de referencia para situar el sentido de la evaluación de la formación. Se puede considerar la evaluación del Plan de Formación como un proceso sistemático para determinar, al nivel de los participantes, si se han logrado los objetivos de aprendizaje y averiguar si la formación ha contribuido a resolver los problemas de la organización, a desarrollar los proyectos de la dirección de la organización y a promover las carreras profesionales de los empleados.

Utilidad de la evaluación formativa

- Conocer el grado de consecución de los objetivos formativos previstos en el programa.
- Identificar los puntos fuertes y débiles del proceso formativo.
- Establecer la eficiencia formativa de la formación.
- Demostrar el carácter de inversión de la formación.
- Calcular la relación coste/beneficio de la formación.
- Identificar los itinerarios formativos de los participantes.
- Identificar los itinerarios formativos por unidades de la organización.
- Conocer cuál es la distribución de la oferta formativa por sectores y niveles de los profesionales de las organizaciones.
- Validar los contenidos de los programas formativos.
- Averiguar el rendimiento de los participantes.
- Determinar la mejora de conocimientos de los participantes.
- Evaluar la eficiencia técnica y pedagógica de las actividades formativas.
- Determinar el valor social y organizativo de la formación.
- Conocer la satisfacción de los clientes y de los prescriptores de la formación.
- Valorar el impacto de la formación en las ocupaciones de la organización.
- Obtener información que permita mejorar el sistema formativo en su totalidad.

2. Gairín, J., «La evaluación del impacto de la formación», en las jornadas sobre «El impacto de la formación en la negociación colectiva», Escuela Sindical Juan Muñoz Zapico, Madrid, 2-4 de marzo de 1999.

Utilidad de la evaluación formativa *(continuación)*

- Conocer la idoneidad de la didáctica empleada.
- Comunicar que se está haciendo formación y se valoran sus resultados.
- Proporcionar transparencia al sistema formativo.

La evaluación de los resultados de la formación en el ámbito público participa de los mismos fines generales que cualquier forma de evaluación de las políticas públicas. En las Administraciones Públicas la evaluación es una técnica que aporta información útil, fundamentalmente a los decisores políticos, para mejorar, en primer lugar, los propios procedimientos de decisión y planificación; en segundo lugar, el funcionamiento y la gestión de la puesta en práctica de los programas públicos; y finalmente, para emitir un juicio sobre la adecuación de los resultados finales obtenidos en relación a los recursos invertidos, tanto en los aspectos de eficacia como de eficiencia.

Para que la evaluación de la formación sea eficaz han de darse una serie de condiciones[3] tales como que la evaluación sea:

- *Pertinente.* La evaluación debe aportar información relevante sobre aquellos factores que los decisores han de conocer para tomar sus decisiones sobre política formativa.
- *Próxima.* Hay que adoptar unos métodos evaluativos que permitan la participación de todos los agentes del sistema formativo.
- *Rápida.* Facilitar lo más rápidamente posible los resultados de la evaluación para poder tomar decisiones que permitan mejorar el sistema formativo. La información de la evaluación no debe emplearse únicamente para hacer memorias.

3. Casado, L., *12 qüestions clau sobre avaluació de la formació*, Barcelona, Generalitat de Catalunya, Escola d'Administració Pública de Catalunya, 1999, pág. 7.

- *Asumible.* La información aportada por la evaluación ha de ser coherente con la cultura de la organización a fin de que ésta pueda asumir los resultados de la evaluación sin ningún problema.
- *Pactada.* Todos los agentes del sistema formativo deben saber qué, cómo, cuándo y quién realiza la evaluación.

La visión y utilidad múltiples de la evaluación aportan la novedad de situar la organización en el centro del análisis evaluativo. Ello debe ser así, porque, en definitiva, todo el sistema formativo debe dar respuesta a los problemas, proyectos o desarrollos profesionales de los empleados, desde la perspectiva de la organización.

Cuando una organización quiere evaluar el aprendizaje de sus empleados no tiene que averiguar únicamente lo que ellos saben, sino investigar, primero, lo que ellos hacen a partir de los contenidos del aprendizaje adquiridos mediante la formación, y después, si ello sirve para resolver los problemas de la organización que han motivado el proceso formativo.

En la Administración Pública, en general, el análisis de la efectividad formativa contribuye a aumentar su responsabilidad y transparencia política. Porque la evaluación informa a los ciudadanos de cómo se emplean los impuestos. Ello plantea cuestiones importantes que se sitúan más allá del propio proceso evaluativo. Por ejemplo, ¿cuáles son los distintos niveles de responsabilidad en la evaluación?, ¿cuál es la responsabilidad de los diferentes agentes del sistema formativo?, ¿cuál es el papel de los decisores políticos?, ¿cómo se gestionan los conflictos de intereses?, etc.

La evaluación debe plantearse desde una perspectiva integral, holística. El modelo propuesto por D. Kirkpatrick[4] ofrece una aproximación realística al proceso evaluativo. Este autor,

---

4. Kirkpatrick, D., *Evaluación de acciones formativas: los cuatro niveles*, Barcelona, EPISE, 1999.

experto en ámbitos evaluativos, considera que la evaluación es una secuencia de cuatro niveles. Cada uno de ellos tiene su autonomía, pero sus resultados influyen en el siguiente y en el resto. Según Kirkpatrick los niveles evaluativos son:

Nivel 1. Reacción. En este nivel se evalúa el efecto que la formación tiene sobre las opiniones y satisfacciones de los participantes.

Nivel 2. Aprendizaje. Se analizan los aprendizajes obtenidos por los participantes. Se evalúa si los participantes cambian las actitudes, amplían sus conocimientos y mejoran sus habilidades.

Nivel 3. Conducta. En este nivel se evalúan los cambios operados en la conducta de los participantes en sus ocupaciones después de haber participado en el proceso formativo.

Nivel 4. Resultados. Finalmente, se evalúan los resultados finales obtenidos por la organización al terminar la actividad formativa. Los resultados se pueden expresar de múltiples maneras según las características de la organización y las necesidades que hayan justificado la formación.

**Niveles de evaluación
Modelo Kirkpatrick**

- Evaluación de la reacción.
- Evaluación del aprendizaje.
- Evaluación del cambio de conducta.
- Evaluación de los resultados.

En el siguiente cuadro se relacionan los cuatro niveles de evaluación y los objetivos asociados a ellos.[5]

5. Gairín, J., «La evaluación del impacto de la formación», en las jornadas sobre «El impacto de la formación en la negociación colectiva», Escuela Sindical Juan Muñoz Zapico, Madrid, 2-4 de marzo de 1999.

Definición operativa	Nivel	Objetivo que se evalúa
Grado de reacción de los participantes ante la acción formativa.	Reacción.	Satisfacción de los participantes.
Cambios internos en la capacidad personal.	Aprendizaje.	Las actitudes han cambiado, los conocimientos se han incrementado o las habilidades han aumentado.
Cambios en la conducta externa.	Conducta.	Si hay deseo de cambiar, si se sabe lo que hay que hacer o cómo hacerlo. Si existe un clima favorable y recompensas por el cambio.
Resultados finales relacionados con la acción formativa.	Resultados.	Incremento de la actividad, mejora de la calidad o reducción de problemas laborales, disminución de las quejas, reducción de la rotación de la plantilla.

Los dos primeros niveles están más relacionados con la actividad formativa en sí, mientras que los dos últimos están vinculados con las repercusiones no personales de la formación, de ahí el interés que debe tener la organización en conocer estos niveles. Para evaluar el primer nivel es necesaria la colaboración de quienes han participado en las acciones formativas; para evaluar los niveles dos y tres se exige la colaboración de la organización, mientras que para evaluar el cuarto nivel es imprescindible la implicación de la organización.

Además de los niveles propuestos por Kirkpatrick también pueden considerarse otros relacionados con aspectos concretos del sistema formativo que resulte interesante analizar. Por ejemplo, en las Administraciones Públicas puede ser necesario, en un momento determinado, evaluar cuestiones relacionadas con el proceso de detección de necesidades o la calidad de los proveedores de formación.

Cada nivel de evaluación tiene sus técnicas y metodologías propias, que afectan a los diferentes agentes del sistema formativo. Algunas de estas técnicas y métodos son laboriosos, pero, a pesar de su complejidad, ello no debe representar ningún freno para realizar la evaluación. Es evidente que cualquier proceso evaluativo es largo. Para evitar la posible resistencia de las organizaciones al considerar la evaluación como una pérdida de tiempo, es aconsejable integrar la actividad evaluativa como un elemento más dentro del proceso formativo.

Antes de abordar de manera específica cada uno de estos niveles de evaluación, es necesario clarificar un concepto muy extendido últimamente en los foros formativos: la evaluación del impacto. Muchos expertos opinan que es un error reducir la cuestión del impacto a los fenómenos relacionados con los resultados organizativos o a los cambios producidos en las ocupaciones o en los puestos de trabajo. El impacto de la formación tiene un alcance más amplio, pues la formación incide también en aspectos relacionados con las personas y ello puede manifestarse, o no, en los comportamientos organizativos. Por ello, el concepto de impacto afecta, en última instancia, a todos los niveles que son fuente de información para la detección de necesidades.

6.3. ENFOQUES DE LA EVALUACIÓN

La evaluación adopta varios enfoques según la finalidad pretendida. P. Pineda[6] propone tres perspectivas distintas para la evaluación.

6. Pineda, P., *La formació a l'empresa: planificació i avaluació*, Barcelona, CEAC/Diputació de Barcelona, 1994.

Enfoques evaluativos

- Técnico-pedagógico.
- Socioinstitucional.
- Socioeconómico.

El enfoque técnico-pedagógico proporciona a la evaluación la perspectiva más amplia de todo el proceso formativo. Comprende el análisis de necesidades, la ejecución de la formación, la definición de objetivos formativos y la planificación de las acciones.

El enfoque socioinstitucional busca controlar la relación existente entre la formación realizada y la previsión, el logro de resultados formativos y la gestión presupuestaria.

El enfoque socioeconómico examina el impacto y la rentabilidad de la formación desde la perspectiva de la organización. Se analiza la información relativa a la gestión operativa y la gestión económica de la formación.

Factores condicionantes de la evaluación

- ¿Quién es el cliente de la evaluación?
- ¿Qué se pretende con la evaluación?
- ¿Qué ha de evaluarse?
- ¿En qué momento?
- ¿Quién hace la evaluación?
- ¿Con qué instrumentos?
- ¿Con qué recursos?

Uno de los aspectos críticos de la evaluación es encontrar los indicadores que informen sobre lo que se pretende analizar. Existen diversos indicadores de la evaluación de la formación y el responsable de la gestión del Plan deberá escoger entre éstos aquellos que aporten la información más coherente y pertinente según el interés de la evaluación.

Los indicadores técnico-pedagógicos miden los resultados de la formación desde la vertiente didáctica. La medida fundamental para ello es el índice de consecución de los objetivos pedagógicos al terminar la formación. Gracias a este indicador se sabe si se han alcanzado los conocimientos, las capacidades y los comportamientos fijados en el aprendizaje

Además, pueden emplearse otros indicadores relacionados con:

* la calidad de los formadores;
* la calidad del contenido;
* la calidad del material;
* la pertinencia de la metodología;
* la calidad del centro.

Respecto a los indicadores de los objetivos operativos el mejor indicador es el índice de consecución de los objetivos operativos fijados como prescripción del aprendizaje. Este índice expresa el conjunto de competencias que deberán ponerse en práctica en una situación dada.

Existen diversos indicadores que miden el desarrollo de la formación desde la perspectiva socioeconómica. En el cuadro siguiente se resumen los indicadores socioeconómicos más importantes.

Indicadores socioeconómicos

Indicadores de producción
* Número de horas de formación.
* Número de participantes.
* Número de horas/participante.
* Número de horas de formación/número de horas de trabajo.
* Número de horas de formación del empleado/plantilla.

Indicadores financieros
* Presupuesto global de formación.
* Presupuesto propio y subvencionado.
* % del presupuesto de formación relacionado con la masa salarial.
* % del presupuesto de formación relacionado con el presupuesto ordinario de la corporación.

Indicadores socioeconómicos *(continuación)*

Indicadores financieros *(continuación)*

- Precio/hora de formación por empleado (por total de empleados).
- Precio/hora coste de formación.
- Estructura y evolución del coste horario de formación.
- Estructura y evolución de los gastos generales de formación.
- Estructura y evolución de los recursos (propios, subvención).
- Costes directos.
- Costes indirectos (dietas, desplazamientos).
- Costes asociados (ausencia en lugar de trabajo).

Indicadores de la tasa de penetración

- Índice de horas de formación/horas de trabajo por categorías profesionales.
- Índice de penetración: empleados formados/empleados que se van a formar (por acción formativa, por tipo de formación, etc.).

Indicadores de funcionamiento

- Índice de actividad (número de horas de formación, número de participantes; número de horas por participante y por formador).
- Número de acciones realizadas.
- Índice de anulaciones o de bajas en las acciones formativas.
- Porcentaje de subvención devuelta.
- Índice de renovación de los formadores.
- Índice de ocupación de las instalaciones formativas.
- Duración media de las acciones formativas.
- Número medio de participantes por acción.

Los indicadores de los resultados socioinstitucionales de la formación pretenden informar del conjunto de variables de la organización que son susceptibles de modificarse por la formación: mejora de puntos débiles, rendimiento antes y después de la formación, satisfacción de los prescriptores y decisores de la formación, productividad, etc. Estos indicadores expresan los índices de consecución de los objetivos organizativos del proceso de aprendizaje. Los índices de resultados deben calcularse a partir del conjunto de variables de la organización que son susceptibles de ser modificadas por la formación.

Existen diversas técnicas de evaluación, tanto cualitativas como cuantitativas, que se utilizarán según el objeto de la evaluación y quién evalúe.

	Técnicas evaluativas
Cuantitativas	• Cuestionarios. • Test. • Pruebas prácticas. • Pruebas de rendimiento.
Cualitativas	• Observación de resultados. • Observación directa. • Entrevistas. • Técnicas grupales. • Estudio de casos. • Análisis de contenidos.

6.4. EVALUACIÓN DE LA SATISFACCIÓN DEL PARTICIPANTE

La evaluación de la satisfacción informa sobre el desarrollo directo de las actividades formativas y el efecto que éstas tienen sobre las expectativas de los participantes. El término «satisfacción» está estrechamente relacionado con la percepción que los participantes tienen del desarrollo del proceso formativo y el valor de utilidad que conceden a los contenidos de aprendizaje.

Además, la percepción de los participantes está influida también por otros elementos que deben tenerse en cuenta, pues todos ellos condicionan la manera en que se construye su satisfacción. Entre estos elementos a tener en cuenta están otras experiencias formativas anteriores, lo que otras personas les hayan podido contar respecto al proceso formativo y cuáles son las motivaciones o necesidades formativas percibidas.

El conjunto de estos elementos, como se señala en la próxima figura, contribuye a crear la satisfacción de los participantes en las actividades formativas. Con todos estos elementos, el participante en una acción formativa construye su satisfacción conociendo también cómo su organización valora el proceso formativo. No es lo mismo que una organización integre positivamente la formación en la carrera profesional de los empleados y realice importantes inversiones formativas, o que el participante considere que su organización se despreocupa de la formación y ésta es solo un mero trámite sin ninguna importancia para su carrera profesional.

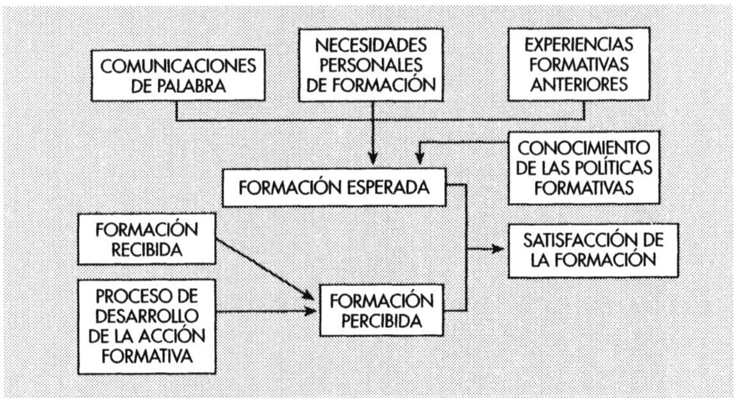

Figura 6.1. Factores que contribuyen a crear la satisfacción de los participantes

Lo más aconsejable y apropiado para evaluar la satisfacción de los participantes es utilizar un cuestionario diseñado a tal fin. Éste debe aportar la información relativa a diferentes factores que influyen en la construcción de la percepción del participante en los procesos formativos. Aunque el uso de los cuestionarios sea una práctica muy extendida conviene puntualizar algunas cuestiones. En primer lugar, la satisfacción es un dato muy personal y, por consiguiente, las generalizaciones que puedan hacerse a partir de la explotación estadística de los cuestionarios deben matizarse siempre. Dada la influencia subjetiva de la apreciación de los diferentes factores que se identifican en los cuestionarios, los resultados de los mismos deben utilizarse con prudencia, especialmente evitando adoptar conclusiones muy generales que no se maticen por la lectura subjetiva de estos factores. En segundo lugar, no todas las personas conceden la misma importancia a los diferentes elementos que intervienen en la construcción de su percepción y, por ello, su juicio sobre la satisfacción varía. Hay que tener presente también este dato.

En el momento de elaborar los cuestionarios de satisfacción hay que prever incorporar algunas preguntas que permitan obtener información tanto sobre el proceso formativo como acerca de los propios contenidos de aprendizaje y la didáctica empleada. En cierta medida, los atributos que determinan la percepción de calidad de un servicio tal como han sido identificados en muchos de ellos, públicos y privados, son aplicables también a la propia actividad formativa.[7] Por ello estos cuestionarios deben mezclar cuestiones relacionadas con la prestación de la formación como servicio con aspectos vinculados a la adecuación de los objetivos formativos a las expectativas de los participantes; la adecuación de los contenidos a las ocupaciones de los participantes; la valoración de la capacidad del formador; el grado de aplicabilidad del aprendizaje, la idoneidad del desarrollo de la secuencia didáctica o de la metodología y del material empleado; el grado de información previa de que se disponía sobre la actividad, etc.

Una vez realizada la evaluación, el responsable de la formación analiza los resultados y prepara la toma de decisiones. Para ello debe construir, a partir de las preguntas del cuestionario, unos estándares de referencia. Construir los estándares no es sacar medias. Se trata de decidir qué valores señalan un umbral a partir del cual las respuestas son aceptadas como positivas o negativas. Estos estándares deben ser realistas y su valor debe aportar significatividad a los factores evaluados.

6.5. EVALUACIÓN PEDAGÓGICA DE LA FORMACIÓN

La evaluación del aprendizaje busca conocer el grado de adquisición de los contenidos formativos establecidos en la fase del

---

7. Para más detalles sobre ello puede consultarse la obra de Zeithaml, V. A., Parasuraman, A. y Berry, L. L., *Calidad Total en la gestión de servicios*, Madrid, Díaz de Santos, 1993.

diseño del Plan de Formación. Fundamentalmente, la evaluación, a este nivel, quiere obtener información sobre:

- ¿Qué conocimientos se han adquirido?
- ¿Qué habilidades se han desarrollado?
- ¿Qué actitudes han cambiado?

Evaluar el aprendizaje es una tarea que requiere cierto tiempo, porque exige desarrollar diferentes pruebas evaluativas. A continuación se relacionan las más relevantes en este campo y se sugieren también algunas recomendaciones.

- Siempre que sea posible hay que evaluar el aprendizaje utilizando grupos de control. Se trata de evaluar los mismos conocimientos en grupos que no hayan recibido formación. Ello permite conocer de qué manera la formación ha operado sobre el grupo de aprendizaje.
- Evaluar los conocimientos de los participantes antes de iniciar el proceso formativo. Esta práctica permite, después de la formación, comparar los conocimientos y conocer la evolución formativa de los participantes.
- Utilizar cuestionarios de preguntas cerradas para evaluar los conocimientos. Estos cuestionarios son más fáciles y rápidos de analizar.
- Emplear cuestionarios de preguntas abiertas cuando el interés de la evaluación consista en conocer la capacidad de las personas para establecer relaciones con los conocimientos aprendidos o la capacidad de síntesis de los participantes.
- Resolución de casos o ejercicios prácticos. Este tipo de pruebas pretenden colocar al participante ante situaciones próximas a su realidad. Con estos métodos se puede evaluar también, además de la capacidad analítica y de asimilación de los conocimientos aprendidos, la capacidad reflexiva y la manera en que se plantean las soluciones a los problemas utilizando los conocimientos aprendidos.

- Ejercicios de simulación. Este tipo de pruebas sirve para evaluar más las habilidades adquiridas que los conocimientos. Son muy recomendables cuando se quiere evaluar el aprendizaje de contenidos procedimentales.
- Evaluar mediante la observación del desempeño de las personas en sus ocupaciones regulares. Es la evaluación más real y directa, pues todas las anteriores, con mayor o menor grado, plantean situaciones que están alejadas de la realidad ocupacional de quienes participan en los procesos de aprendizaje.

6.6. EVALUACIÓN DEL RETORNO DE MEJORA

Con la expresión «el retorno de mejora» se quiere significar, en unos términos más próximos a las estrategias de gestión de la calidad y de la mejora continua, aquello que en otras obras califican como evaluación de los resultados de la formación en la organización. Esta evaluación es «un intento de superar la habitual costumbre de considerar la validez de la formación sin tomar en consideración su carácter instrumental en el proceso de cambio y transformación de las organizaciones y de la sociedad que las ampara».[8]

Desde la perspectiva de la evaluación de los resultados y de la rentabilidad de la formación hay que tener claros los siguientes conceptos.[9]

- *Coste.* Expresión monetaria del uso de los recursos para desarrollar la formación.
- *Beneficio.* Aumento de los niveles de utilidad derivados de la formación recibida.

8. Gairín, J., «La evaluación del impacto de la formación», en las jornadas sobre «El impacto de la formación en la negociación colectiva», Escuela Sindical Juan Muñoz Zapico, Madrid, 2-4 de marzo de 1999.

9. Pineda, P., «Rentabilidad de la formación», en Jornadas Universitarias de Formación Continua, Sevilla, 6 de abril de 2000.

- *Impacto.* Efectos de la formación en las organizaciones atribuidos al uso de las nuevas competencias adquiridas por los participantes.
- *Rentabilidad.* Cálculo del impacto económico de la formación, expresado por el retorno de beneficios de la inversión realizada en formación.

Hay que dar un nuevo enfoque al proceso formativo para que la evaluación de la efectividad de la formación deje de ser una cuestión compleja o casi imposible y se convierta en una actividad normal al final de todo proceso formativo, cuyo objetivo sea averiguar el valor de utilidad del mismo. Se debe englobar dentro del concepto de «valor» tanto la dimensión del impacto social de la formación como su dimensión más económica.

Es necesario introducir una perspectiva más amplia del tema de la evaluación que supere las limitaciones de los sistemas evaluativos en uso. Este nuevo enfoque aproxima la evaluación a la auditoría de la formación.[10] Ésta realiza un análisis detallado de la formación como sistema, de sus resultados y efectos, con la finalidad tanto de identificar los problemas existentes y proponer soluciones como para aprender de ello. Si en las evaluaciones los actores son objeto de medida, estudio y análisis, en la auditoría son considerados sujetos activos e interlocutores de éste.

La auditoría formativa es un instrumento que utiliza la información proporcionada por la evaluación y relaciona toda esta información con el sistema global de gestión de los recursos humanos y con la organización entendida como un todo. Mientras la evaluación considera los elementos del sistema formativo aisladamente, la auditoría formativa busca las relaciones existentes entre éstos y el sistema, y con el conjunto de sistemas que integran la organización.

10. Pineda, P., *Auditoría de la formación*, Barcelona, Gestión 2000, 1995.

La auditoría formativa analiza con detenimiento todos los aspectos del sistema formativo, sus procesos y los resultados finales imputables a la formación. Con toda esta información la auditoría sugiere propuestas y recomendaciones para mejorar no sólo el desarrollo de las acciones formativas, sino también todo el sistema formativo y, siempre que sea posible, la propia organización.

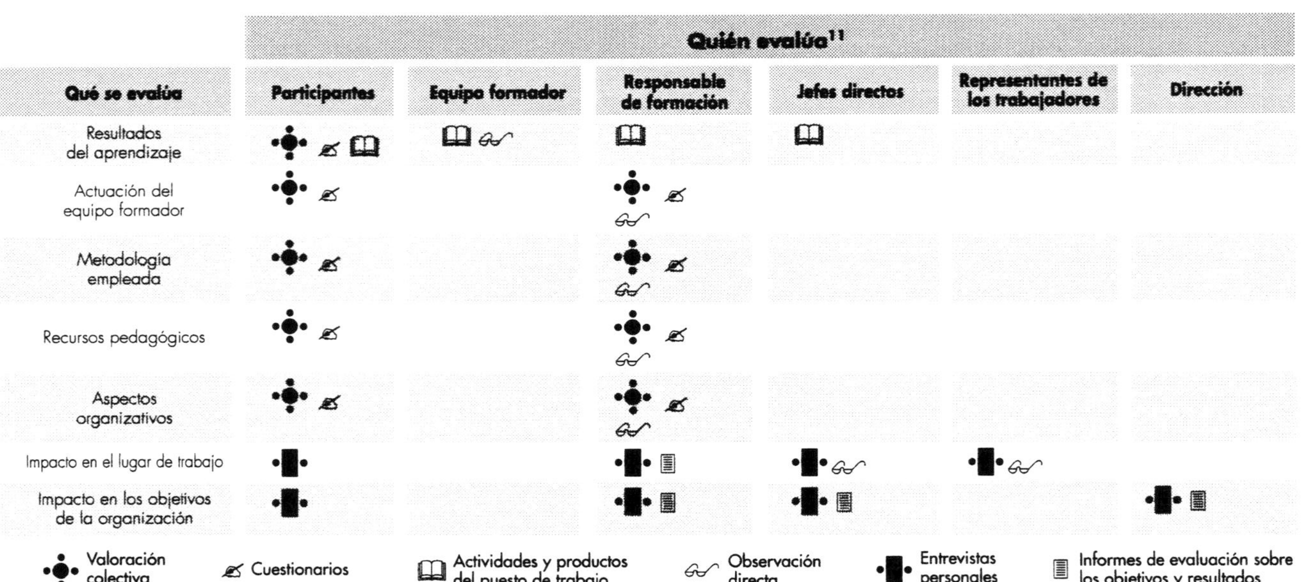

Figura 6.2. Quién, cuándo y cómo se evalúa la formación

11. Reproducido de la *Guía para elaborar un Plan de Formación Continua*, editado por el Instituto Nacional de Administración Pública, Madrid, 1995.

GLOSARIO[1]

Actitud: disposición interna de una persona que le hace reaccionar o actuar de una forma favorable o desfavorable ante una idea, otra persona, una situación o un hecho concreto. Predispone para actuar, tendencia estable a comportarse de determinada manera.

Actividades de aprendizaje: actividades por las que se van adquiriendo conocimientos nuevos.

Actividades de evaluación: actividades concretas con las que se evaluará a los participantes de una acción formativa para ver si han alcanzado los objetivos formativos previstos.

Acto didáctico: es la actividad que pone en relación al que enseña con el que aprende. Se basa en una comunicación interpersonal (se necesitan al menos dos personas); es una rela-

1. Parte de las definiciones de este glosario han sido construidas a partir de glosarios similares que pueden consultarse en Internet. Se ha procurado adaptarlas al entorno de formación continua, especialmente aquellas definiciones muy centradas en el ámbito educativo.

ción intencional y dinámica por parte del formador y quien aprende; y es una relación que tiene como finalidad conseguir los objetivos del proceso de enseñanza-aprendizaje.

Análisis de Necesidades Formativas: proceso metodológico para recoger información de una organización y establecer los vacíos que impiden conseguir los resultados previstos, aquellos que es preciso vencer para desarrollar los proyectos estratégicos y que impiden el desarrollo profesional de los empleados. Con el análisis de necesidades formativas se identifica cuáles son las carencias formativas de los empleados y se establecen las cualificaciones deseadas para alcanzar unos niveles competenciales determinados.

Aprender: proceso mediante el cual una persona adquiere conocimientos, conductas, habilidades y destrezas. Aprender es conocer una cosa por medio del estudio o de la experiencia. Es fijar algo en la memoria.

Aprender a aprender: adquirir una serie de habilidades y estrategias que posibiliten futuros aprendizajes de una manera autónoma.

Aprendizaje: todo aprendizaje es una interiorización y reelaboración individual de una serie de significados culturales socialmente compartidos. La interacción con las personas y los objetos que subyace en todo proceso de aprendizaje pasa necesariamente por el filtro de la cultura común y está mediatizada por la utilización de un determinado lenguaje. La posibilidad de asimilación de los contenidos está estrechamente relacionada con el nivel de desarrollo conseguido y los conocimientos elaborados en experiencias anteriores.

El aprendizaje se produce cuando un conocimiento nuevo se integra en los esquemas de conocimiento previos llegando incluso a modificarlos. Para que esto suceda, quien aprende tiene que ser capaz de establecer relaciones significativas entre el conocimiento nuevo y los que ya posee.

Esto implica que habrá de producirse un desajuste óptimo entre las competencias y conocimientos previos de quienes aprenden y la tarea propuesta. Ésta debe representar un desafío realizable. Implica también que quienes aprenden deben acceder al nuevo conocimiento a través de una tarea que tenga sentido para ellos. El trabajo en grupo favorece la movilización de esquemas de conocimiento y el aprendizaje significativo, por cuanto provoca el enfrentamiento de puntos de vista y la aparición de conflictos sociocognitivos.

Aprendizaje mecánico: es todo aquello que se aprende y que no se utiliza después porque no se integra en el uso habitual. Este tipo de aprendizaje comprende todo aquello que se aprende, generalmente de forma memorística y repetitiva, y que no es posible utilizar de forma distinta o en situaciones diferentes a aquellas en las que se ha aprendido. Son aprendizajes sin arraigo en la estructura cognitiva del sujeto y condenados, por lo general, al rápido olvido.

Aprendizaje por descubrimiento: en este aprendizaje los conocimientos se construyen de forma autónoma, sin la ayuda permanente del formador. Esta forma de aprender requiere un método de búsqueda activa por parte del que aprende, bien siguiendo un método inductivo, bien hipotético-deductivo.

Aprendizaje significativo: es aquel aprendizaje que aporta sentido a lo que se aprende. Parte de la construcción de aprendizajes por parte de quien aprende, con la ayuda de la intervención del formador, que relaciona de forma no arbitraria la nueva información con lo que sabe quien participa en el proceso de aprendizaje. Con el aprendizaje significativo se busca que los participantes en un proceso formativo establezcan relaciones relevantes entre lo que saben y lo que van a aprender, valorando que el resultado final esperado sea coherente. Se consigue integrando el conocimiento en la actividad ocupacional cotidiana.

Áreas Clave de Mejora: ámbitos organizativos donde se desarrollan los proyectos estratégicos más importantes o donde se han identificado entornos de mejora que son esenciales para los resultados de la organización.

Áreas curriculares: son conjuntos de experiencias o conocimientos de disciplinas afines que están interrelacionadas y constituyen un ámbito de formación concreto.

Autoevaluación: es la evaluación realizada por quien aprende sobre su propia actuación con el fin de conocer y mejorar su proceso formativo.

Ayuda pedagógica: intervención del formador para guiar y orientar a quien aprende a fin de que pueda avanzar en su aprendizaje.

Capacidades: las capacidades son aquellas aptitudes que el participante en una acción formativa debe alcanzar para conseguir un desarrollo integral como persona. Se definen como aptitudes para hacer, conocer, sentir. Los objetivos de un proceso formativo han de formularse en términos de capacidades que se van a desarrollar. Estas capacidades deben ser de distintos tipos: cognitivas, psicomotrices, de autonomía y de equilibrio personal, de interrelación personal o comunicación y de inserción social.

Ciclo de aprendizaje a partir de la experiencia: según D. A. Kolb, todo proceso de aprendizaje es un ciclo que parte de la experiencia, luego se reflexiona sobre ésta, se extraen conceptos y generalidades y, finalmente, se traza un plan de actuación que, cuando se lleva a la práctica, es origen de una nueva fuente de experiencia.

Competencia: característica subyacente de la persona que está causalmente relacionada con un criterio de referencia de actuación exitosa en el puesto de trabajo o en otra situación. Es la capacidad de aplicar conocimientos, destrezas y actitudes al desempeño de la ocupación de que se trate, incluyendo la capacidad de respuesta a los problemas, los imprevistos, la autonomía, la flexibilidad, la colaboración con el entorno profesional y con la organización del trabajo. Las competencias son el conjunto de conocimientos, procedimientos y actitudes combinados, coordinados e integrados en la acción y adquiridos a través de la experiencia (formativa y no formativa) que permite al individuo resolver problemas específicos de forma autónoma y flexible en contextos singulares.

Concepto: los conceptos son uno de los tipos de contenido del aprendizaje. Se refiere al conjunto de objetos, hechos o símbolos que tienen ciertas características comunes.

Conflicto cognitivo: es la contradicción que se produce, durante el proceso de aprendizaje, entre lo que sabe y comprende de su realidad quien aprende y la nueva información recibida. Ello ocasiona una confrontación en su estructura cognitiva que conduce a la modificación de la misma.

Conocimiento: los conceptos, los hechos, los procedimientos y habilidades necesarios para desarrollar una ocupación.

Conocimientos previos: conocimientos que tiene quien aprende y que es necesario activar por estar relacionados con los nuevos contenidos de aprendizaje.

Contenido: es el objeto de la formación. Hay varios tipos de contenidos: hechos, conceptos, procedimientos y actitudes, valores y normas. También es importante, y se consideran como parte de los contenidos, el conjunto de procedimientos a partir de los cuales se construye el conocimiento.

La tipificación de los contenidos en relación con estos tipos de conocimiento, responde, exclusivamente, a una perspectiva analítica capaz de orientar la planificación y revisión de la actividad formativa. En la práctica el tratamiento de hechos y conceptos es indisociable de los procedimientos y actitudes correspondientes.

Contenidos actitudinales: son todos los contenidos referidos a valores, actitudes y normas.

Contenidos conceptuales: los conceptos son cuestiones abstractas.

Contenidos factuales: los contenidos factuales se refieren a los conocimientos relacionados con hechos, acontecimientos, datos y manifestaciones singulares.

Contenidos procedimentales: un procedimiento es un conjunto de acciones ordenadas y estructuradas a fin de obtener un resultado determinado.

Criterios de evaluación: los criterios de evaluación proporcionan una información sobre los aspectos que se deben considerar para determinar el tipo y grado de aprendizaje alcanzado por quienes aprenden con respecto al avance en la adquisición de las capacidades establecidas en el diseño de la acción formativa. Estos criterios están vinculados a los distintos tipos de contenidos del aprendizaje.

Cualificación: nivel determinado de formación que debe tener una persona para una ocupación laboral.

Currículo: es el conjunto de objetivos, contenidos, metodologías y criterios de evaluación de un nivel de formación. El currículo es un conjunto de propuestas de acción y de hipótesis de trabajo contrastables en la práctica formativa. Constituye, así, un instrumento que permite al formador desarrollar y revisar su propia actividad desde un marco de referencia actualizado y científico, a la vez que contribuye eficazmente a introducir elementos de innovación.

Destreza: aptitud para realizar con facilidad y precisión las tareas de una ocupación.

Didáctica: didáctica es la ciencia que estudia (perspectiva-estática) y elabora (perspectiva-dinámica) teorías práctico-normativo-decisionales sobre la enseñanza.

La didáctica es una ciencia que orienta y dirige la educación. Puede distinguirse entre una didáctica general, que trata de la enseñanza y formación en general bajo cualquier aspecto, da normas y principios y estudia fenómenos, leyes, etc., y una didáctica especial, dedicada a estudiar las cuestiones que plantea cada una de las disciplinas consideradas como asignatura.

La didáctica está tan íntimamente vinculada a las otras ciencias de la educación (pedagogía, psicología y metodología) que muchas veces resulta difícil separarla de ellas.

Educación: la educación consiste en un conjunto de prácticas o actividades ordenadas a través de las cuales un grupo social ayuda a sus miembros a asimilar la experiencia colectiva culturalmente organizada y a preparar su intervención activa en el proceso social.

La educación escolar tiende a desarrollar en los niños y niñas las capacidades y competencias necesarias para su participación activa en la sociedad. La educación es una construcción social que configura, en buena medida, el futuro colectivo y garantiza la necesaria adaptación a las situaciones nuevas generadas por los cambios propios de nuestro tiempo.

La educación es considerada como un derecho social y, por tanto, se dirige a todos los ciudadanos en un plano de igualdad con ausencia de cualquier tipo de discriminación. Por ello se concibe una formación básica común para todos que se organiza de forma comprensiva.

Elementos del currículo formativo: los elementos de un currículo formativo pueden agruparse como respuesta a cuatro preguntas:

- ¿Qué enseñar? Aporta información sobre los objetivos y los contenidos del aprendizaje.
- ¿Cuándo enseñar? Informa sobre la manera de ordenar y secuenciar dichos objetivos y contenidos.
- ¿Cómo enseñar? Se afirma la necesidad de planificación de las actividades de formación y aprendizaje para poder alcanzar los objetivos propuestos.
- ¿Qué, cómo y cuándo evaluar? Es imprescindible plantearse esta pregunta al final de un proceso formativo.

Enseñar: acto por el cual el formador pone al alcance de quien aprende el objeto de conocimiento para que éste lo comprenda.

Epítome: conjunto de conceptos, relaciones y/o principios fundamentales de la materia objeto de aprendizaje cuyo conocimiento facilita la comprensión y asimilación de otros conceptos y principios más sencillos con los que puede conectar, ampliando así la estructura cognitiva.

Un epítome es una panorámica global sobre un tema. Un epítome se distingue de un resumen porque integra los componentes esenciales del contenido en vez de resumirlos o sintetizarlos. La función del epítome es transmitir los elementos fundamentales del contenido que «vehiculan» su esencia. Los elementos que forman parte del epítome se seleccionan de tal manera que el resto de los elementos del contenido pueden considerarse una ampliación. El epítome es, por definición, general. El epítome se caracteriza por no incluir todos los elementos importantes del contenido, sino únicamente los más fundamentales o representativos. Sus elementos se eligen de manera que el resto de los elementos del contenido aporten mayores detalles (de lo más general a lo más detallado) o mayor complejidad (de lo más simple a lo más complejo).

Esquema de conocimiento: conocimientos que poseen las personas respecto a un determinado contenido formativo. Las personas aprenden al ir construyendo nuevos esquemas de conocimiento. Estos esquemas dependen del nivel de desarrollo de las personas y de los conocimientos previos adquiridos.

Estilos de aprendizaje: según el modelo de Ciclo de Aprendizaje de D. A. Kolb, las personas aprenden de sus experiencias a partir de las sensaciones y los sentimientos; utilizan la reflexión para analizar lo observado y aprender; a través del pensamiento transforman lo observado en conceptos y generalizaciones y mediante la acción emprenden una experimentación activa del aprendizaje.

Estrategia formativa: integración de los contenidos formativos con los recursos disponibles. Una estrategia es siempre una elección para utilizar los recursos disponibles de tal manera que se optimice su valor y se obtenga la máxima utilidad a un mínimo coste. Gracias a ello se escogen los métodos y materiales didácticos que se van a utilizar durante todo el proceso formativo. Con esta información se programan en el tiempo las acciones formativas y se confecciona el Plan de Formación.

Estructura cognitiva: manera y forma con la que un individuo organiza su visión del mundo y de la realidad, producto de la acumulación de experiencias vitales y de aprendizaje.

Evaluación: la evaluación se entiende como una actividad básicamente valorativa e investigadora y, por ello, facilitadora de cambios en el proceso formativo y de desarrollo profesional del formador. Afecta no sólo a los procesos de aprendizaje de quienes aprenden, sino también a los procesos formativos desarrollados por los formadores y a los contenidos del aprendizaje.

La evaluación constituye el elemento clave para orientar las decisiones curriculares, definir los problemas educativos, acometer actuaciones concretas, emprender procesos de investigación didáctica, generar dinámicas de formación permanente del profesorado y, en definitiva, regular el proceso de adaptación y contextualización del currículo en cada comunidad educativa.

La evaluación educativa ha de tener en cuenta la singularidad de cada persona, analizando su propio proceso de aprendizaje, sus características y sus necesidades específicas. Por todas estas razones, el proceso evaluador debe ser primordialmente un proceso cualitativo y explicativo, ofreciendo datos e interpretaciones significativas que permitan entender y valorar los procesos seguidos por todos los participantes.

Evaluación continua: es una evaluación con carácter regulador, orientador y autocorrector del proceso formativo, al proporcionar información constante sobre si este proceso se adapta a las necesidades o posibilidades del sujeto, permitiendo la modificación de aquellos aspectos que resulten disfuncionales. Este tipo de evaluación se lleva a cabo a lo largo de todo el proceso de aprendizaje, siendo su objetivo describir e interpretar, no medir ni clasificar.

Evaluación final: es aquella que tiene por objetivo conocer y valorar los resultados conseguidos por el participante en una acción formativa al finalizar un proceso de formación y aprendizaje, para poder reprogramar nuevas actividades formativas.

Evaluación inicial: la evaluación inicial es un proceso que debe preceder a la introducción de toda unidad didáctica y tiene como finalidad obtener información acerca de los conocimientos, habilidades y actitudes que poseen quienes van a aprender. El resultado de esta evaluación permite conocer cuáles son los aprendizajes previos de los participantes y facilita adaptar la unidad didáctica correspondiente a estos conocimientos.

Finalidades formativas: son los objetivos finales del proceso formativo. Aquello que se pretende alcanzar en último término como síntesis de todas las aspiraciones de la acción formativa.

Focus group: es una técnica cualitativa de análisis grupal basada en sesiones de grupo o de discusión moderada. Se trata de una entrevista conducida de una manera no estructurada por un experto con un grupo pequeño de personas. Su objetivo es obtener información sobre un tema tras escuchar la opinión de los participantes. El grupo es relativamente homogéneo según unas características previamente establecidas.

Formación: proceso de identificación, aseguramiento y desarrollo, a través de actividades planificadas, de los conocimientos, habilidades y capacidades que los trabajadores necesitan para desempeñar de la mejor manera posible sus ocupaciones actuales y sus futuras responsabilidades en las organizaciones.

Guía de Aprendizaje: la Guía de Aprendizaje es la referencia principal que tendrá el participante de una acción formativa sobre su contenido, su estructuración y programación y las actividades asociadas al proceso de aprendizaje. Es una manera de ordenar el proceso formativo e implicar al participante.

Habilidad: actitud, características o atributos que han de tener las personas para conseguir determinados resultados en su ocupación.

Indicador: es un dato estadístico que proporciona información relevante sobre un objetivo que se quiere medir.

Instruir: transmitir adecuadamente lo que se aprende mediante el empleo de la motivación y de la orientación a quien aprende sobre lo que se debe aprender. Se instruye a través de una persona.

Intervención educativa: la intervención educativa es una forma de interacción social que tiene como función facilitar el aprendizaje y guiarlo hasta conseguir su autorregulación, el «aprender a aprender». De ahí que el objetivo último de los procesos de formación y aprendizaje sea el contribuir a que las personas se apropien de los procedimientos habituales de regulación de la propia actividad de aprendizaje, de tal manera que puedan progresar, con creciente autonomía, en la adquisición de nuevas competencias y conocimientos.

Mapa conceptual: un mapa conceptual es una representación gráfica con un orden lógico que va de lo general a lo particular. Se lee de arriba abajo y forma una frase lógica.

Medición del impacto: es la medición de los efectos directos o indirectos o las consecuencias resultantes de alcanzar los objetivos de los programas formativos.

Método activo: son aquellos métodos que pretenden aplicar el principio de actividad en el proceso formativo.

Método del caso: es un trabajo práctico y estructurado sobre situaciones reales con la finalidad de estimular el aprendizaje.

Metodología: la metodología constituye el conjunto de criterios y decisiones que organizan, de forma global, la acción didáctica: cuál es la intervención de los participantes y formadores; uso de medios y recursos; tipos de actividades, organización de los tiempos y espacios, agrupamientos, secuenciación y tipo de tareas, etc. Definida la metodología educativa de esta forma, es evidente que existirán metodologías diversas que, sin embargo, serán capaces de desarrollar intenciones formativas similares.

Hay que adoptar una metodología formativa capaz de conectar con los intereses y necesidades de quienes participan en el proceso formativo, con su peculiar forma de ver el mundo. Además, esta metodología debe proponer, de forma atractiva, una finalidad y utilidad clara de cómo aplicar los nuevos aprendizajes que se desarrollan. Se trata, en suma, de adoptar una metodología que posea un sentido claro para quienes aprenden y los formadores, a la vez que promueva su desarrollo conceptual, procedimental y actitudinal.

Motivación: la motivación por aprender y en particular por construir ciertos aprendizajes es un complejo proceso que condiciona en buena medida la capacidad de aprender de los alumnos. La motivación depende en parte de la historia de éxitos y fracasos anteriores de quienes aprenden en tareas de aprendizaje, pero también del hecho de que los contenidos que se les ofrezcan posean significado lógico y sean útiles para ellos.

Necesidad formativa: competencias que deben adquirir los empleados de una organización para superar los vacíos formativos identificados durante la fase de análisis de necesidades formativas.

Objetivos: los objetivos son el conjunto de aprendizajes que deben alcanzar quienes participan en un proceso formativo. Pueden plantearse de manera global, constituyendo los objetivos generales de la actividad formativa, definidos en términos de capacidades, y también de forma más concreta, es decir, los objetivos didácticos, que nos llevan a la acción directa y son el referente inmediato de la evaluación.

Los objetivos han de entenderse como metas que guían el proceso de formación y aprendizaje hacia las cuales hay que orientar la marcha de ese proceso. Constituyen, de este modo, un marco para decidir las posibles direcciones a seguir durante el desarrollo del Plan de Formación, desempeñando un papel fundamental como referencia para revisar y regular la actividad formativa.

Objetivos didácticos: los objetivos didácticos son aquellos objetivos más concretos que permiten relacionar capacidades con contenidos. Se concretan a partir de los objetivos finales. Indican las tareas que se van a realizar a corto plazo. Se establecen para cada unidad didáctica y constituyen el referente más concreto en el proceso evaluador.

Objetivos finales: explicitan las intenciones formativas de la unidad didáctica y están expresados en términos de capacidades, pero se refieren a contenidos concretos que configuran la unidad didáctica. Indican los contenidos, métodos, capacidades y/o valores que quien aprende debe conseguir al finalizar el proceso formativo de la unidad didáctica. Constan de una destreza o una actitud, un qué (contenido), un cómo (método y/o procedimiento) y un para qué (capacidad y/o valor).

Objetivos generales: son los objetivos últimos de toda actividad formativa. Indican el tipo y grado de aprendizaje que debe realizar quien aprende a propósito de los contenidos seleccionados que debe aprender y la capacidades que debe desarrollar.

Plan de Formación: un Plan de Formación es un documento escrito que especifica los objetivos formativos que se pretenden conseguir y detalla las actividades formativas que se realizarán para obtener cada objetivo, así como los recursos humanos y materiales necesarios para llevarlos a cabo.

Plan de Gestión: es una guía práctica para concretar los aprendizajes adquiridos durante el proceso formativo y ayudar a su transferencia en las ocupaciones de los participantes. El Plan de Gestión asegura la correcta transferencia pedagógica del aprendizaje. Es un recurso práctico que el responsable del Plan de Formación debe controlar para asegurar el éxito de su ejecución en términos de mejora organizativa.

Pliego de Condiciones: es un documento elaborado por el responsable de formación para las personas que deben ejecutar cada una de las acciones formativas. En el Pliego de Condiciones se concretan cuáles son las expectativas que tiene quien organiza la formación respecto a cada una de las acciones formativas. En el Pliego de Condiciones se menciona la contribución esperada de la acción formativa detallada en forma de objetivos pedagógicos que se pretenden conseguir. Además, se especifican las características de las personas que se van a formar y se formalizan los objetivos operativos. Asimismo, se relacionan los principales criterios de organización y funcionamiento de la acción formativa, como son la programación y metodología formativa, su duración y el tipo de material pedagógico que se utilizará. También se mencionan las grandes líneas de contenido de la formación, las sugerencias referentes a la transferibilidad de la formación y el coste de la actividad.

Procedimientos: es el conjunto de acciones ordenadas y orientadas a la realización de una tarea. Tienen la consideración de contenidos procedimentales las destrezas, las técnicas, los métodos, las estrategias. Se consideran procedimientos las siguientes acciones: calcular, clasificar, deducir, ordenar, observar, etc.

Proceso: las actividades y tareas que, a partir de unos inputs, aportan valor y permiten obtener resultados inmediatos y beneficios sociales.

Programa formativo: documento donde se especifican los principales elementos que constituyen la acción formativa. Se trata de un material técnico que por sus características complementa el Pliego de Condiciones desde la perspectiva pedagógica. Es responsabilidad de quien realiza la actividad formativa.

Retorno de la inversión: comparación de los costes de la formación con los beneficios que se obtienen con ella.

Secuencia didáctica: diversas fases que, a modo de pauta y referencia, se dan en todos los procesos de aprendizaje siguiendo un orden secuencial. Es la ordenación de todos los contenidos del aprendizaje atendiendo a la progresión que se prevé que han de seguir quienes aprenden a lo largo del proceso de aprendizaje. Debe propiciar una creciente complejidad de los esquemas de conocimiento de quien aprende que lo aproxime, gradualmente, a las estructuras conceptuales de los distintos cuerpos de conocimiento. Para que esto sea posible, la secuencia debe respetar las líneas generales del desarrollo cognitivo, ampliando progresivamente el campo de los contenidos que se han de trabajar y ofreciendo formulaciones conceptuales de distintos niveles de complejidad a lo largo de la etapa.

Tarea: unidad identificable de trabajo u operaciones que forman parte significativa de una ocupación. Una tarea es un paso lógico y necesario para obtener un resultado en un trabajo. Generalmente tiene un principio y un final lógico.

Transferencia pedagógica: es el momento en el que las capacidades adquiridas en el proceso formativo se aplican de forma efectiva en el lugar de trabajo.

Unidad didáctica: es una unidad de programación y actuación formativa configurada por un conjunto de actividades que se desarrollan en un tiempo determinado para la consecución de unos objetivos didácticos. Es una unidad de trabajo relativa a un proceso completo de aprendizaje que no tiene duración temporal fija, y en la cual se precisan el conjunto de objetivos didácticos, bloques elementales de contenido y actividades de aprendizaje y de evaluación. La programación del aprendizaje se realiza por unidades didácticas. Comprende el conjunto de actividades que se desarrollan en un tiempo determinado para la consecución de unos objetivos didácticos, dando respuesta a las cuestiones: en qué formar (objetivos y contenidos), cuándo formar (secuencia ordenada de actividades y contenidos), cómo formar (actividades, organización del espacio y del tiempo, materiales y recursos didácticos), y cómo llevar a cabo la evaluación (criterios e instrumentos para la evaluación).

Valores: contenidos de aprendizaje referidos a creencias sobre aquello que se considera deseable. Principios normativos de conducta que provocan determinadas actitudes.

BIBLIOGRAFÍA

Bader, G. E. y Bloom, A. E., *Cómo lograr que los resultados de la formación perduren*, Madrid, Centro de Estudios Ramón Areces, 1998.

Blanchard, P. N. y Thacker, J. W., *Effective Training*, Nueva Jersey, Prentice Hall, 1999.

Casado, L., *12 qüestions clau sobre avaluació de la formació*, Barcelona, Generalitat de Catalunya, Escola d'Administració Pública de Catalunya, 1999, pág. 7.

Coll, C., *Psicología y currículum*, Barcelona, Paidós, 1995.

Grappin, J. P., *Claves para la formación en la empresa*, Barcelona, CEAC, 1990.

Gupta, K., *Guía práctica para evaluar necesidades*, Madrid, Centro de Estudios Ramón Areces, 2000.

Jouvenel, G. y Masingue, B., *Les évaluations d'une action de formation dans les services publics*, París, Éditions d'Organisation, 1994.

Kirkpatrick, D. L., *Evaluación de acciones formativas: los cuatro niveles*, Barcelona, EPISE, 1999.

Kirkpatrick, D. L., *Necesidades de formación en la empresa*, Barcelona, EPISE, 2001.

Lawson, H., *Cómo mejorar la formación y el entrenamiento en el puesto de trabajo*, Madrid, Centro de Estudios Ramón Areces, 1999.

Le Boterf, G., Barzuchetti, S. y Vincent, F., *Cómo gestionar la calidad de la formación*, Barcelona, AEDIPE/Gestión 2000, 1993.

Le Boterf, G., *Ingeniería de las competencias*, Barcelona, EPISE y Gestión 2000, 2000.

Ministerio de Educación y Ciencia, *Materiales para la reforma: guía general*, Madrid, 1992.

Paredes Mariño, A., *Guia per a l'avaluació de la formació*, Barcelona, Diputació de Barcelona, 1995.

Pineda, P., *La formació a l'empresa: planificació i avaluació*, Barcelona, CEAC/Diputació de Barcelona, 1994.

Pineda, P., *Auditoría de la formación*, Barcelona, Gestión 2000, 1995.

Saenz Barrio, O., *Didáctica general*, Madrid, Anaya, 1997.

Sánchez Cerezo, S., *Diccionario de las ciencias de la educación*, Madrid, Diagonal/Santillana, 1983.

Solé Parellada, F. y Mirabet Vallhonesta, M., *Cómo confeccionar un plan de formación en una empresa*, Barcelona, Llar del Llibre, 1994.

Solé Parellada, F. y Mirabet Vallhonesta, M., *Guía para la formación en la empresa*, Madrid, Civita, 1997.

Sparhawak, S., *Cómo identificar las necesidades de formación*, Madrid, Centro de Estudios Ramón Areces, 1994.

Veas, C., *Vocabulario básico de la reforma educativa*, Barcelona, Edebé, 1996.

Wilson, J. B., *Cómo diseñar un programa de formación que impacte los resultados: guía práctica para escoger los métodos de formación adecuados*, Madrid, Centro de Estudios Ramón Areces, 1998.

Zabala, A., *Enfoque globalizador y pensamiento complejo*, Barcelona, Graó, 1999.

Zabala, A., *La práctica educativa: cómo enseñar*, Barcelona, Graó, 2000.